法藏知津

八 編

杜 潔 祥 主編

第 15 冊

禪茶論典錄（下）

馮 天 春 編著

花木蘭文化事業有限公司

國家圖書館出版品預行編目資料

禪茶論典錄（下）／馮天春 編著 -- 初版 -- 新北市：花木蘭
文化事業有限公司，2022〔民111〕
目 6+208 面；19×26 公分
（法藏知津八編 第 15 冊）
ISBN 978-986-518-636-4（精裝）
1. 禪宗 2. 茶藝 3. 中國文學
011.08　　　　　　　　　　　　　　　　110012089

ISBN-978-986-518-636-4

法藏知津八編
第十五冊　　　　　　　　　ISBN：978-986-518-636-4

禪茶論典錄（下）

編　　著　馮天春
主　　編　杜潔祥
副總編輯　楊嘉樂
編輯主任　許郁翎
編　　輯　張雅淋、潘玟靜、劉子瑄　美術編輯　陳逸婷
出　　版　花木蘭文化事業有限公司
發 行 人　高小娟
聯絡地址　235 新北市中和區中安街七二號十三樓
　　　　　電話：02-2923-1455／傳真：02-2923-1452
網　　址　http://www.huamulan.tw 信箱 service@huamulans.com
印　　刷　普羅文化出版廣告事業
初　　版　2022 年 3 月
定　　價　八編 22 冊（精裝）新台幣 50,000 元

禪茶論典錄（下）

馮天春 編著

目次

第四編　水器出神

54 煎茶水記

〔唐〕張又新

題解

　　張又新《煎茶水記》,《說郛》卷九十三,《四庫全書》子部‧譜錄類,《古今圖書集成‧方輿滙編‧坤輿典》卷二十五均有收錄。此處以《古今圖書集成》本為底校錄。張又新,字孔昭,深州陸澤人,生卒年不詳,約公元813年前後在世,主要活動於唐憲宗元和中前後。因連中解元、會元、狀元之「三元」,時稱張三頭。《煎茶水記》乃專論泉茶之重要著作,善評天下名水入茶之品類。文中的無錫惠山寺石水、蘇州虎丘寺石水、丹陽縣觀音寺水、揚州大明寺水、廬山康王穀水簾水、廬山招賢寺下方橋潭水等,均是禪家水源。列舉如此多禪家水源的原因,並非無其餘佳水,而是,首先,禪文化傳播較廣;其次,茶者的活動往往較關注禪寺禪法,禪味較濃。就如此文還提及薦福寺、楚僧等語詞。如今,此類水源或因地理變遷,或因污染嚴重,早已非舊時面目,自然無法再普遍入茶。況且當代茶飲對水源的講究已大眾化、平淡化,無法感受到歷代茶者對水源的特別關注乃至近乎執求。但《煎茶水記》中有關泉水禪意之論說,仍可作為現今禪茶文化的水品理論,令人遙想古時泉水之精妙,且感悟水為茶之神魂。毫無疑問,任何一個時代的茶道文化中,水源質地越精、越淨、越活,自然就越有利於細品茶的至味。當代某些回歸林泉的禪茶場景中,也在有意尋求著高品質的野水山泉。

記文

故刑部侍郎劉公諱伯芻〔註1〕，於又新丈人行也。為學精博，頗有風鑒，稱較水之與茶宜者，凡七等：

揚子江南零水第一。

無錫惠山寺石水第二。

蘇州虎丘寺石水第三。

丹陽縣觀音寺水第四。

揚州大明寺水第五。

吳松江水第六。

淮水最下，第七。

斯七水，余嘗俱瓶於舟中，親挹而比之，誠如其說也。客有熟於兩浙者，言搜訪未盡，余嘗誌之。及刺永嘉，過桐廬江，至嚴子瀨，溪色至清，水味甚冷，家人輩用陳黑壞茶潑之，皆至芳香。又以煎佳茶，不可名其鮮馥也，又愈於揚子江南零殊遠。及至永嘉，取仙巖瀑布用之，亦不下南零，以是知客之說誠哉信矣。夫顯理鑒物，今之人信不迨於古人，蓋亦有古人所未知，而今人能知之者。

元和九年春，予初成名，與同年生期於薦福寺〔註2〕。余與李德垂先至，憩西廂玄鑒室，會適有楚僧至，置囊有數編書。余偶抽一通覽焉，文細密，皆雜記。卷末又一題云《煮茶記》，云代宗朝李季卿〔註3〕刺湖州，至維揚，逢陸處士鴻漸。李素熟陸名，有傾蓋之歡，因之赴郡。

至揚子驛，將食，李曰：「陸君善於茶，蓋天下聞名矣。況揚子南零水又殊絕。今日二妙千載一遇，何曠之乎！」命軍士謹信者，挈瓶操舟，深詣南零，陸利器以俟之。俄水至，陸以勺揚其水曰：「江則江矣。非南零者，似臨岸之水。」使曰：「某棹舟深入，見者累百，敢虛紿乎？」陸不言，既而傾諸

〔註1〕劉伯芻（755～815年），字素芝，唐代洛川人。累官刑部侍郎左散騎常侍，善品天下名泉佳水。

〔註2〕薦福寺，始建於唐睿宗文明元年（684年），初名「獻福寺」，武則天天授元年（690年）改稱「薦福寺」。原址在唐長安城的開化坊南部，後遷建於安仁坊小雁塔。

〔註3〕李季卿，唐京兆人，代宗年間為湖州刺史。歷代茶書中多引用《新唐書》此句：「御史大夫李季卿宣慰江南，至江南，又有薦羽者。召之，羽衣野服，挈具而入，季卿不為禮。羽愧之，更著《毀茶論》。」

盆，至半，陸遽止之，又以勺揚之曰：「自此南零者矣。」使蹶然大駭，馳下曰：「某自南零齎至岸，舟蕩覆半，懼其尠，挹岸水增之。處士之鑒，神鑒也，其敢隱焉！」李與賓從數十人皆大駭愕。李因問陸：「既如是，所經歷處之水〔註4〕，優劣精可判矣。」陸曰：「楚水第一，晉水最下。」李因命筆，口授而次第之：

　　廬山康王穀水簾水第一。

　　無錫縣惠山寺石泉水第二。

　　蘄州蘭溪石下水第三。

　　峽州扇子山下有石突然，泄水獨清冷，狀如龜形，俗云蝦蟆口水，第四。

　　蘇州虎丘寺石泉水第五。

　　廬山招賢寺下方橋潭水第六。

　　揚子江南零水第七。

　　洪州西山西東瀑布水第八。

　　唐州柏岩縣淮水源第九（淮水亦佳）。

　　廬州龍池山嶺水第十。

　　丹陽縣觀音寺水第十一。

　　揚州大明寺水第十二。

　　漢江金州上游中零水第十三（水苦）。

　　歸州玉虛洞下香溪水第十四。

　　商州武關西洛水第十五（未嘗泥）。

　　吳松江水第十六。

　　天台山西南峰千丈瀑布水第十七。

　　郴州圓泉水第十八。

　　桐廬嚴陵灘水第十九。

　　雪水第二十（用雪不可太冷）。

　　此二十水，余嘗試之，非係茶之精粗，過此不之知也。夫茶烹於所產處，無不佳也，蓋水土之宜。離其處，水功其半，然善烹潔器，全其功也。李置諸笥焉，遇有言茶者，即示之。

〔註 4〕已說明是「所經歷處水」，而非全天下水。

　　又新刺九江，有客李滂、門生劉魯封，言嘗見說茶，余醒然思往歲僧室獲是書，因盡篋，書在焉。古人云：「瀉水置瓶中，焉能辨淄澠。」此言必不可判也，萬古以為信然，蓋不疑矣。豈知天下之理，未可言至。古人研精，固有未盡，強學君子，孜孜不懈，豈止思齊而已哉。此言亦有裨於勸勉，故記之。

55 水記二篇

〔宋〕歐陽修

題解

此處二篇水記為歐陽修（1007～1072）所作。《大明水記》錄於《歐陽文粹》卷十三，《浮槎山水記》錄於《歐陽文粹》卷四十，均可見於《四庫全書》集部·別集類。六一居士歐陽修常於揚州大明寺避署，此文寫於大明寺，故曰《大明水記》。浮槎山，位於安徽肥東縣王鐵、解集鄉境內，為大別山餘脈，乃安徽名勝。兩處山水均有寺院氣、山林氣、禪茶氣，與六一居士之號頗為契合。

大明水記一

世傳陸羽《茶經》，其論水云：「山水上，江水次，井水下。」又云：「山水，乳泉、石池漫流者上，瀑湧湍漱勿食，食久，令人有頸疾。江水取去人遠者，井取汲多者。」其說止於此，而未嘗品第天下之水味也。至張又新為《煎茶水記》，始云：劉伯芻謂水之宜茶者有七等，又載羽為李季卿論水次第有二十種。

今考二說，與羽《茶經》皆不合。羽謂山水上，乳泉、石池又上，江水次而井水下。伯芻以楊子江為第一，惠山石泉為第二，虎丘石井第三，丹陽寺井，第四，揚州大明寺井第五，而松江第六，淮水第七，與羽說皆相反。〔註1〕季卿所說二十水：廬山康王穀水第一，無錫惠山石泉第二，荊州蘭溪石下水第三，扇子峽蛤蟆口水第四，虎丘寺井水第五，廬山昭招賢寺下方橋潭

〔註 1〕源於時世變遷、個人喜惡、當下心境以及眼界胸懷等因素，結論各異。

水第六，揚子江南零水第七，洪州西山瀑布第八，桐柏淮源第九，廬山龍池山頂水第十，丹陽寺井第十一，揚州大明寺井第十二，漢江中零水第十三，玉虛洞香溪水第十四，武關西水第十五，松江水第十六，天台千丈瀑布水第十七，郴州圓泉第十八，嚴陵灘水第十九，雪水第二十。如蛤蟆口水，西山瀑布，天台千丈瀑布，羽皆戒人勿食，食之生疾。其餘江水居山水上，井水居江水上，皆與羽經相反。疑羽不當二說以自異，使誠羽說，何足信也？得非又新妄附益之邪？其述羽辨南零岸時，怪誕甚妄也。

水味有美惡而已，欲求天下之水一一而次第之者，妄說也。故其為說，前後不同如此。然此井，為水之美者也。羽之論水，惡淳浸而喜泉源，故井取多汲者，江雖長，然眾水雜聚，故次山水。惟此說近物理云。

浮槎山水記二

浮槎山在慎縣南三十五里，或曰浮闍山，或曰浮巢山，其事出於浮圖、老子之徒、荒怪誕幻之說。其上有泉，自前世論水者皆弗道。余嘗讀《茶經》，愛陸羽善言水。後得張又新《水記》，載劉伯芻、李季卿所列水次第，以為得之於羽。然以《茶經》考之，皆不合。又新妄狂險譎之士，其言難信，頗疑非羽之說。及得浮槎山水，然後益知羽為知水者。浮槎與龍池山，皆在廬州界中，較其水味，不及浮槎遠甚。而又新所記以龍池為第十，浮槎之水棄而不錄，以此知其所失多矣。羽則不然，其論曰：「山水上，江次之，井為下。山水、乳泉、石池漫流者上。」其言雖簡，而於論水盡矣。

浮槎之水，發自李侯。嘉祐二年，李侯以鎮東軍留後出守廬州，〔註2〕因遊金陵，登蔣山，飲其水。既又登浮槎，至其山，上有石池，涓涓可愛，蓋羽所謂乳泉漫流者也。飲之而甘，乃考圖記，問於故老，得其事蹟，因以其水遺餘於京師。余報之曰：李侯可謂賢矣。

夫窮天下之物無不得其欲者，富貴者之樂也。至於蔭長松，藉豐草，聽山溜之潺湲，飲石泉之滴瀝，此出山林者之樂也。而山林之士視天下之樂，不一動其心。〔註3〕或有欲於心，顧力不可得爾止者，乃能退而獲樂於斯。彼富貴者之能致物矣，而其不可兼者，惟山林之樂爾。惟富貴者而不得兼，然後貧賤之士有以自足而高世。其不能兩得，亦其理與勢之然歟。今李侯生長

〔註2〕入世功業。
〔註3〕出世道心。

富貴，厭於耳目，又知山林之為樂。至於攀緣上下，幽隱窮絕，人所不及者皆能得之，其兼取於物者可謂多矣。〔註4〕

　　李侯折節好學，善交賢士，敏於為政，所至有能名。凡物不能自見而待人以彰者有矣，其物未必可貴而因人以重者亦有矣。故予為志其事，俾世知斯泉發自李侯始也。三年二月二十有四日，盧陵歐陽修記。

〔註 4〕善察自心，善能取捨，方可於入世出世中因勢而動，清醒進退。

56 述煮茶泉品

〔宋〕葉清臣

題解

葉清臣《述煮茶泉品》錄於明代陶宗儀《說郛》卷九十三。此作原名《述煮茶小品》,因其文乃在論泉,且多家版本稱其為「泉品」,故也錄為《述煮茶泉品》。歸錄於禪茶論典之原因,一為此論所涉諸茶泉多身處山川禪地,茶如武夷白乳、吳興紫笋、禹穴天章、錢塘徑山等,泉如蜀崗井、觀音泉、惠山水等。二為雖不見禪茶二字,但其中茶泉,瀹氣滌慮,躅病析醒,極見神韻。

正文

夫渭黍汾麻,泉源之異稟;江橘淮枳,土地之或遷。誠物類之有宜,亦臭味之相感也。

若乃擷華掇秀,多識草木之名;激濁揚清,能辨淄澠之品,斯固好事之嘉尚,博識之精鑒。自非嘯傲塵表,逍遙林下,樂追王濛之約,不敗陸訥〔註1〕之風,其孰能與於此乎?

吳楚山谷間,氣清地靈,草木穎挺,多孕茶荈,為人採拾。大率右於武夷者為白乳,甲於吳興者為紫笋,產禹穴者以天章顯,茂錢塘者以徑山稀,至於桐廬〔註2〕之岩,雲衡之麓,鴉山著於吳歙,蒙頂傳於岷蜀,角立差勝,毛舉實繁。然而天賦尤異,性靡俗諳,苟製非其妙,烹失於術,雖先雷而贏〔註3〕,未雨而擷。蒸焙以圖,造作以經,而泉不香,水不甘,爨之揚之,若淤若滓。

〔註1〕陸羽口吃,故有此稱。
〔註2〕《四庫全書》本中為「續廬」。
〔註3〕「贏」通「籯」,指竹籃。

　　予少得溫氏所著《茶說》，嘗識其水泉之目，有二十焉。會西走巴峽，經蝦蟆窟，北憩蕪城，汲蜀崗井，東遊故都，絕揚子江。留丹陽酌觀音泉，過無錫斟惠山水，粉槍末旗，蘇蘭薪桂，且鼎且缶，以飲以歠，莫不淪氣滌慮，蠲病析酲〔註4〕，祛鄙吝之生心，招神明而還觀。信乎！物類之得宜，臭味之所感，幽人之佳尚，前賢之精鑒，不可及已！

　　噫！紫華綠英，均一草也；清瀾素波，均一水也。皆忘情於庶匯，或求伸於知己。不然者，叢薄之莽，溝瀆之流，亦奚以異哉！遊鹿故宮，依蓮盛府，一命受職，再期服勞，而虎丘之鬻〔註5〕沸，淞江之清泚，復在封畛。居然挹注是嘗，所得於鴻漸之目，二十而七也。

　　昔酈元善於《水經》，而未嘗知茶；王肅癖於茗飲，而言不及水錶，是二美吾無愧焉。凡泉品二十，列於右幅。且使盡神，方之四兩，遂成其功。代酒限於七升，無忘真賞云爾。南陽葉清臣述。

〔註 4〕酲〔chéng〕：醉酒昏沉。
〔註 5〕鬻〔bì〕：水沸漲。

57 學士泉記

〔明〕黃諫

題解

　　黃諫《學士泉記》錄於陳夢雷輯《欽定古今圖書集成·方輿彙編·坤輿典》卷三十五。黃諫（1403～1465），字廷臣，號卓庵，又號蘭坡，明代莊浪衛人。明正統七年（1442）探花，授翰林院編修，後遷侍讀學士。《學士泉記》一文，初談出使安南汲飲江水，頗甘淡。次則敘述在廣州為官時廣尋數泉數井而品評，並鑿井而命名為學士泉。最後，又為所談到的諸井泉品第排名。黃諫此舉，本就是在悟性寺及其周圍展開，故而達磨卓錫、元妙觀、光孝寺後古羅漢泉、僧明達方丈後訶子泉、羅漢井、開元寺居士井、庵井、韶水西禪有二井等等，盡是禪門水泉。今雖多不存，然而其禪理禪意猶在。

正文

　　予出使安南還，駐舟五羊，汲江水飲之，頗甘淡。及來判廣州，城中井水多鹹苦，去江隔城，不得日汲。居人皆謂大北門內九眼井，甘甚，予乃日汲之。井在粵秀山下，與江較之，遠近相若。復取江水，用數月冬深不雨，水涸，江亦鹹。余乃復汲此井，至春地氣上升，水亦頗易其味。

　　因暇乃登粵秀山，轉而西行，憩悟性寺中。東苑一井尤佳，視九眼井殊勝。昔達磨卓錫得之，與九眼井相去百步，蓋達磨泉也。郡志云〔註1〕「越井岡偽劉玉龍泉」，恐即此井。又鮑姑井在越臺西南，意即此地。為是後汲城北

洗白井,頗淆濁不佳。又行三里餘,乃得雞爬井。郡志所未載,取而試之,蓋愈於數井。雖九龍泉、泰泉亦居此下。餘遠不及矣。遂鑿井傍石,名曰學士泉。

郡人傳其名,往往士大夫皆取以供烹茶用,而是泉遂大顯。廣城舊少井,陸刺史始導泉百餘里,蘇東坡、孫龍圖亦濬二井。今蘇井在元妙觀西廊,嘗汲飲之,亦不甚佳。龍圖井在城北教場,今不知何處。其餘大抵陸刺史所鑿也,布政司堂西有井頗佳,次則郡廨後井,與光孝寺後古羅漢泉相若。今寺西廊,僧明達方丈後訶子泉,傳為羅漢井,恐非是,味尤不及寺後者。

開元寺有居士泉,折彥質所濬,今在巡撫廳前。親取嘗之,勝蘇井遠矣。他如西市顯月泉、草行頭日泉、馬站巷流水井三處,皆遍詣嘗試〔註2〕,皆在郡廨井下。又有星泉,在繡衣坊,今久湮塞。雙井在城北施水庵傍,井小而水甚淺,下有雙孔,春夏溢出,地上施水。庵井最大,味亦相若。小北門外近西一泉,亦皆名譁。韶水西禪有二井,頗佳,而又不及城中數泉。若洗研墨斗,丹井亦不堪用。

以前數井品第之,學士泉去城不遠,且易汲取,亨茶味最美。經晝夜色且不變,宜居第一。九龍泉、泰泉次之,蒲澗簾泉第三,悟性寺泉第四,雙井及施水庵第五,小北門外泉第六,洗白井第七,九眼井第八,居士泉第九。外是固不足取,而布政司堂邊府治東廂房井,頗勝他水,宜居第十。餘而蘇井、五眼井、羅漢泉、訶子泉、日泉、月泉、書院井,固有名當時,然其美惡難逃清論也。因著廣州水記。

〔註2〕於彈茶而言,親嘗遍飲尚為其次,覺知、照見,且不被嘗飲時的覺受分別所縛才是最上。

58 皋亭儀和泉記

〔明〕胡引嘉

題解

　　胡引嘉《皋亭儀和泉記》錄於陳夢雷輯《欽定古今圖書集成・方輿彙編・坤輿典》卷三十五。胡引嘉，字休復，萬曆癸丑間進士，有《讀詩錄》二卷流傳，餘事難考。此記從張又新、蘇軾等人的水泉品第說起，記敘為求泉趣，自購皋亭儀和泉為私有。頗感歎當世尋泉品第之風日下，故而不聞名泉幾何，莫如陸鴻漸、張子同、蘇子瞻等愛泉如斯。後又舉虎跑泉、冷泉等，在泉情之間抒懷發趣。胡氏所談數泉，多是歷代茶家名泉，可供好泉者品賞。

正文

　　南陽張又新著水說〔註1〕，慧山〔註2〕泉置第二之目。余少時再往嘗之，恨在三百里之外，難以數至。近有載至者，味多宿敗，不如安平、半月、泗水，在吾三十里內，宵旦可汲也。〔註3〕半月、安平泉，蘇子瞻遊其上，皆有詩記石。其色藻綠可，第不能發諸茗顏色滋味。泗水地脈微濁，前輩邵康僖諸老煮泉賦七言詩，亦自矜重。余墳墓在皋亭，弱冠從超公遊，嘗其山泉，灑然快心。其泉自清草薇香者佳，青草急流迅洑，雜樹疏挺，水葉遞映，光色尤絕。每坐其旁，不俟漱滌，煩垢如洗。余與去病酷愛之，始屈其三泉矣。

〔註1〕指《煎茶水記》。
〔註2〕此處「慧」同「惠」，歷代多用「惠山」。
〔註3〕須知一時一地，天造地設，總在最佳，捨近求遠，有時難免執著。

　　甲辰冬，遷先碩人柩於錢塘大雄山。山圍水中，僅八里出泉，濫若乳汁，不堪甌蟻之汎。一日，從家公策杖鑿源，見山麓一區，方廣可八九尺，計甃石團砌，清水湛然。斷碣隱隱草際，字畫磨滅，洗而讀之，曰：「儀和泉，淳熙三年三月十日，吳興沈彥重立。」共二十四字，餘七字漫不可讀，更不知起何時。掬水相啜，家公喜曰：「大不減慧山也。」

　　丙午正月七日，又同道載過之。道載曰：「皋亭峻烈削人，此泉清和，似勝之。」余曰：「是其所以名也。」三月二日，余又過之，居人出券紙示余，孝瞻曰：「勝自我得，何必定為几案間物。」余笑謂：「使我稱儀和泉主人，不益親哉。」遂以萬錢售之，因坐而歎曰：「淳熙迄今五百餘年，沒於荒煙野蔓矣。一朝自余發之，可怪也。」

　　然余有疑焉。陸鴻漸、張子同〔註4〕號僻於茶荈，鴻漸晚年隱居苕上，子同攜樵青竹爐往來其中，未聞一名此泉，何也？子瞻倅〔註5〕杭時，名泉無不搜鑿，題識於金沙，則云細泉幽咽走金沙。於冷泉，則云能與冷泉作主一百日，不用二十四考書中書。於安平，則云鑿開海眼知何代。種出菱花不計年。於虎跑，則云虎移泉眼趁行腳，龍作浪花供鼓掌。至夫記參寥，銘六一，可謂徘徊賞味，情有餘致，而獨遺儀和，豈泉之遇合各有時耶？昔李文蕭平生未嘗優異，及輦載慧山泉數千里，不問費耗，致有水遞之誚。今余且私儀和有之，就山勢駕亭其上，爽靜在眼，一嘯一歌，江湖之思滿襟矣！安得無驕矜之色哉！遂援筆作記。

〔註4〕即張志和。
〔註5〕倅〔zú〕，此處同「卒」，任職之義。

59 煮泉小品〔註1〕

〔明〕田藝蘅

題解

　　此本《煮泉小品》錄於陳繼儒《寶顏堂秘笈》續集，上海文明書局1922年印行本。原錄名為《煮泉小品一卷》，乃明田藝蘅撰。田藝蘅（1524～？），浙江錢塘人，字子藝，田汝成之子。主要活動於在明嘉靖隆慶和萬曆間，先以貢生為徽州訓導，後罷歸。據傳此人才高放曠，好酒任俠，斗酒百篇，有謫仙人之風。代表作有《大明同文集》《留青日箚》《煮泉小品》《老子指玄》等。《煮泉小品》共分十品總談諸泉，其中也細及具體泉水品質，且細辨泉水之品類與茶飲之相應。惜乎所談諸泉俱已無存，然其所談僧家茶意，頗見禪茶神韻。如說：「僧家以羅濾水而飲，雖恐傷生，亦取其潔也。包幼嗣《淨律院》詩『濾水澆新長』，馬戴《禪院》詩『濾泉侵月起』，僧簡長詩『花壺濾水添』是也。泉稍遠而欲其自入於山廚，可接竹引之，承之以奇石，貯之以崢缸，其聲尤琤淙可愛。」其中韻味、原理實可引入當今禪茶天地。

引

　　昔我田隱翁，嘗自委曰「泉石膏肓」。噫，夫以膏肓之病，固神醫之所不治者也；而在於泉石，則其病亦甚奇矣。余少患此病，心已忘之，而人皆咎余之不治。然遍檢方書，苦無對病之藥。偶居山中，遇淡若叟，向余曰：「此病固無恙也，子欲治之，即當煮清泉白石，加以苦茗，服之久久，雖辟穀可也，

〔註1〕《煮泉小品》撰於嘉靖三十三年（1554），傳世有寶顏堂秘籍本、茶書全集本、讀說郛本、四庫全書本等，此處綜合參考上述而輯釋。

又何患於膏肓之病邪！」余敬頓首受之，遂依法調飲，自覺其效日著。因廣其意，條輯成編，以付司鼎山童，俾遇有同病之客來，便以此薦之。若有如煎金玉湯者來，慎弗出之，以取彼之鄙笑。

時嘉靖甲寅秋孟中元日，錢塘田藝蘅序。

一源泉

積陰之氣為水。水本曰源，源曰泉。水本作〣，象眾水並流，中有微陽之氣也，省作水。源本作原，亦作厵，從泉出厂下；厂，山岩之可居者。省作原，今作源。泉本作汖，象水流出成川形也。知三字之義，而泉之品思過半矣。

山下出泉曰蒙。蒙，稚也，物稚則天全，水稚則味全。顧鴻漸曰「山水上」。其曰乳泉石池漫流者，蒙之謂也。其曰瀑湧湍激者，則非蒙矣，故戒人勿食。

混混不捨，皆有神以主之，故天神引出萬物。而《漢書》三神，山嶽其一也。源泉必重，而泉之佳者尤重。餘杭徐隱翁嘗為余言；以鳳皇山泉，較阿姥墩百花泉，便不及五錢。可見仙源之勝矣。

山厚者泉厚，山奇者泉奇，山清者泉清，山幽者泉幽，皆佳品也。不厚則薄，不奇則蠢，不清則濁，不幽則喧，必無佳泉。山不亭處，水必不亭。若亭即無源者矣，旱必易涸。

二石流

石，山骨也；流，水行也。山宣氣以產萬物，氣宣則脈長，故閱「山水上」。《博物志》：「石者，金之根甲。石流精以生水。」又曰：「山泉者，引地氣也。」

泉非石出者必不佳。故《楚辭》云：「飲石泉兮蔭松柏。」皇甫曾送陸羽詩：「幽期山寺遠，野飯石泉清。」梅堯臣《碧霄峰茗詩》：「烹處石泉嘉。」又云：「小石冷泉留早味。」誠可謂賞鑒者矣。

咸，感也。山無澤，則必崩；澤感而山不應，則將怒而為洪。

泉往往有伏流沙土中者，挹之不竭即可食。不然則滲瀦之潦耳，雖清勿食。

流遠則味淡。須深潭渟畜，以復其味，乃可食。

泉不流者，食之有害。《博物志》：「山居之民，多癭腫疾，由於飲泉之下不流者。」

泉湧出曰濆。在在所稱珍珠泉者，皆氣盛而脈湧耳，切不可食，取以釀酒或有力。

泉有或湧而忽涸者，氣之鬼神也。劉禹錫詩「沸水今無湧」是也。否則徒泉、喝水，果有幻術邪。

泉懸出曰沃，暴溜曰瀑，皆不可食。而廬山水簾，洪州天台瀑布，緊入水品，與陸經背矣。故張曲江《廬山瀑布》詩：「吾聞山下蒙，今乃林巒表。物性有詭激，坤元曷紛矯。默默置此去，變化誰能了。」則識者固不食也。然瀑布實山居之珠箔錦幕也，以供耳目，誰曰不宜。

三清寒

清，朗也，靜也，澄水之貌。寒，冽也，凍也，覆冰之貌。泉不難於清，而難於寒。其瀨峻流駛而清，巖奧陰積而寒者，亦非佳品。

石少土多沙膩泥凝者，必不清寒。蒙之象曰果行，井之象曰寒泉。不果則氣滯而光不澄，不寒則性燥而味必嗇。

冰，堅水也，窮谷陰氣所聚。不泄則結，而為伏陰也。在地英明者惟水，而冰則精而且冷，是固清寒之極也。謝康樂詩：「鑿冰煮朝飧」《拾遺記》：「蓬萊山冰水，飲者千歲。」

下有石硫者，發為溫泉，在在有之。又有共出一壑，半溫半冷者，亦在在有之，皆非食品。特新安黃山朱砂湯泉可食。《圖經》云：「黃山舊名黟山，東峰下有朱砂湯泉可點茗，春色微紅，此則自然之丹液也。」《拾遺記》：「蓬萊山沸水，飲者千歲。」此又仙飲。

有黃金處水必清，有明珠處水必媚，有子鮒處水必腥腐，有蛟龍處水必洞黑。惡不可不辨也。

四甘香

甘，美也，香，芳也。《尚書》：「稼穡作甘黍。」甘為香黍，惟甘香，故能養人。泉惟甘香，故亦能養人。然甘易而香難，未有香而不甘者也。味美者曰甘泉，氣芳者曰香泉，所在間有之。泉上有惡木，則葉滋根潤，皆能損其甘香。甚者能釀毒液，尤宜去之。

甜水以甘稱也。《拾遺記》：「員嶠山北，甜水繞之，味甜如蜜。」《十洲記》：「元洲玄澗，水如蜜漿。飲之，與天地相畢。」又曰：「生洲之水，味如飴酪。」

水中有丹者，不惟其味異常，而能延年卻疾，須名山大川諸仙翁修煉之所有之，葛玄少時，為臨沅令。此縣廖氏家世壽，疑其井水殊赤，乃試掘井左右，得古人埋丹砂數十斛。西湖葛井，乃稚川煉所，在馬家園後，淘井出石匣，中有丹數枚如芡實，啖之無味，棄之。有施漁翁者，拾一粒食之，壽一百六歲。此丹水尤不易得。凡不淨之器，切不可汲。

五宜茶

茶，南方嘉木，日用之不可少者。品固有媺惡〔註2〕，若不得其水，且煮之不得其宜，雖佳弗佳也。

茶如佳人，此論雖妙，但恐不宜山林間耳。昔蘇子瞻詩：「從來佳茗似佳人」，曾茶山詩「移人尤物眾談誇」是也。若欲稱之山林，當如毛女、麻姑，自然仙風道骨，不浼煙霞可也。必若桃臉柳腰，宜亟屏之銷金帳中，無俗我泉石。

鴻漸有云：「烹茶於所產處無不佳，蓋水土之宜也。」此誠妙論。況旋摘旋瀹，兩及其新邪。故《茶譜》亦云：「蒙之中頂茶，若獲一兩，以本處水煎服，即能祛宿疾。」是也。今武林諸泉，惟龍泓入品，而茶亦惟龍泓山為最。蓋茲山深厚高大，佳麗秀越，為兩山之主。故其泉清寒甘香。虞伯生詩：「但見瓢中清，翠影落群岫。烹煎黃金芽，不取穀雨後。」姚公綬詩：「品嘗顧渚風斯下，零落《茶經》奈爾何。」則風味可知矣，又況為葛仙翁煉丹之所哉！又其上為老龍泓，寒碧倍之。其地產茶，其為南北山絕品。鴻漸第錢唐天竺、靈隱者為下品，當未識此耳。而《郡志》亦只稱寶雲、香林、白雲諸茶，皆未若龍泓之清馥雋永也。余嘗一一試之，求其茶泉雙絕，兩浙罕伍云。

龍泓今稱龍井，因其深之。《郡志》稱有龍居之，非也。蓋武林之山，皆發源天目，以龍飛鳳舞之讖，故西湖之山，多以龍名，非真有龍居之也。有龍則泉不可食。泓上之閣，亟宜去之。浣花諸池，尤所當濬。鴻漸品茶又云：「杭州下，而臨安、於潛生於天目山，與舒州同，固次品也。」葉清臣則云：「茂錢唐者，以徑山稀。」今天目遠勝徑山，而泉亦天淵也。洞霄次徑山。

〔註2〕媺惡〔měi è〕：善惡，好壞。

嚴子瀨一名七里灘，蓋砂石上瀨、曰灘也。總謂之漸江。但潮汐不及，而且深澄，故入陸品耳。余嘗清秋泊釣臺下，取囊中武夷、金華二茶試之，固一水也，武夷則黃而燥洌，金華則碧而清香，乃知擇水當擇茶也。鴻漸以婺州為次，而清臣以白乳為武夷之右，今優劣頓反矣。意者所謂離其處，水功其半者耶？

茶自浙以北者皆較勝。惟閩廣以南，不惟水不可輕飲，而茶亦當慎之。昔鴻漸未詳嶺南諸茶，仍云「往往得之，其味極佳」。余見其地多瘴癘之氣，染著草木，北人食之，多致成疾。故謂人當慎之，要須採摘得宜，待其日出山霽，露收崗淨可也。

茶之團者片者，皆出於碾鎧之末，既損真味，復加油垢，即非佳品，總不今之芽茶也。蓋天然諸者自勝耳。曾茶山《日鑄茶》詩：「寶銙不自乏，山芽安可無，」蘇子瞻《壑源試焙新茶》詩：「要知玉雪心腸好，不是膏油首面新」，是也。且末茶瀹之有屑，滯而不爽，知味者當自辨之。

芽茶以火作者為次，生曬者為上，亦更近自然，且斷煙火氣耳。況作人手器不潔，火候失宜，皆能損其香色也。生曬茶瀹之甌中，則旗槍舒暢，清翠鮮明，尤為可愛。

唐人煎茶，多用薑鹽。故鴻漸云：「初沸水合量，調之以鹽味。」薛能詩：「鹽損添常戒，薑宜著更誇。」蘇子瞻以為茶之中等，用薑煎信佳，鹽則不可。餘則以為二物皆水厄也。若山居飲水，少下二物，以減崗氣或可耳。而有茶，則此固無須也。

今人薦茶，類下茶果，此尤近俗。縱是佳者，能損真味，亦宜去之。且下果則必用匙，若金銀，大非山居之器，而銅又生腥，皆不可也。若舊稱北人和以酥酪，蜀人入以白鹽，此皆蠻飲，固不足責耳。

人有以梅花、菊花、茉莉花薦茶者，雖風韻可賞，亦損茶味。如有佳茶，亦無事此。

有水有茶，不可無火。非無火也，有所宜也。李約云：「茶須緩火炙，活火煎。」活火，謂炭火之有焰者，蘇軾詩「活火仍須活水烹」是也。餘則以為山中不常得炭，且死火耳，不若枯松枝為妙。若寒月多拾松實，畜為煮茶之具更雅。

人但知湯候，而不知火候，火然則水乾，是試火先於試水也。《呂氏春秋》：伊說湯五味，九沸九變，火為之紀。

湯嫩則茶味不出，過沸則水老而茶乏。惟有花而無衣，乃得點瀹之候耳。唐人以對茶啜茶為殺風景，故王介甫詩：「金谷千花莫漫煎」。其意在花，非在茶也。餘則以為金谷花前信不宜矣，若把一甌結山花啜之，當更助風景，又何必羔兒酒也。

煮茶得宜，而飲非其人，猶汲乳泉以灌蒿藋，罪莫大焉。飲之者一吸而盡，不暇辨味，俗莫甚焉。

六靈水

靈，神也。天一生水，而精明不淆。故上天自降之澤，實靈水也，古稱「上池之水」者非歟？要之皆仙飲也。

露者，陽氣勝而所散也。色濃為甘露，凝如脂，美如飴，一名膏露，一名天酒。《十洲記》「黃帝寶露」，《洞冥記》「五色露」，皆靈露也。《莊子》曰：「姑射山神人，不食五穀，吸風飲露。」《山海經》：「仙丘絳露，仙人常飲之。」《博物志》：「沃渚之野，民飲甘露。」《拾遺記》：「含明之國，承露而飲。」《神異經》：「西北海外人長二千里，日飲天酒五斗。」《楚辭》：「朝飲木蘭之墜露。」是露可飲也。

雪者，天地之積寒也。《氾勝書》：「雪為五穀之精。」《拾遺記》：「穆王東至大擭之谷，西王母來進賺州甜雪。」是靈雪也。陶穀取雪烹團茶。而丁謂煎茶詩「痛惜藏書篋，緊留待雪天。」李虛己《建茶呈學士》：「試將梁苑雪，煎動建溪春。」是雪尤宜茶飲也。處士列諸末品，何邪？意者以其味之燥乎？若言太冷，則不然矣。

雨者陰陽之和，天地之施，水從雲下，輔時生養者也。和風順雨，明雲甘雨。《拾遺記》：「香雲遍潤，則成香雨。」皆靈雨也，固可食。若夫所行者，暴而霆者，旱而凍者，腥而墨者，及簷溜者，皆不可食。《文子》曰：「水之道，上天為雨露，下地為江河。」均一水也，故特表靈品。

七異泉

異，奇也，水出地中，與常不同，皆異泉也，亦仙飲也。

醴泉，醴一宿酒也，泉味甜如酒也。聖王在上，德普天地，刑賞得宜，則醴泉出。食之，令人壽考。

玉泉，玉石之精液也。《山海經》：「密山出丹水，中多玉膏。其源沸湯，黃帝是有玉石泉」，「崑崙山有玉水」。《尹子》曰：「凡水方折者得玉。」

乳泉，石鍾乳山骨之膏髓也。其泉色白而體重，極甘而香，若甘露也。朱砂泉，下產朱砂，其色紅，其性溫，食之延年卻疾。

雲母泉，下產雲母，明而澤，可煉為膏，泉滑而甘。

茯苓泉，山骨古松者多產茯苓，《神仙傳》：「松脂淪入地中，千歲為茯苓也。」其泉或赤或白，而甘香倍常。又術泉亦如之。非若杞菊之產於泉水者也。

金石之精，草木之英，不可殫述。與瓊漿並美，非凡泉比也。故為異品。

八江水

江，公也，眾水共入其中也。水共則味雜。故鴻漸曰「江水中」，其曰「取去人遠者」，蓋去人遠，則澄清而無蕩漾之漓耳。

泉自谷而溪而江而海，力以漸而弱，氣以漸而薄，味以漸而鹹，故曰「水曰潤下」。潤下作鹹，旨哉。又《十洲記》：「扶桑碧海，水既不鹹苦，正作黃色，甘香味美。」此固神仙之所食也。

潮汐近地必無佳泉，蓋斥鹵誘之也。天下湖汐惟武林最盛，故無佳泉。西湖山中則有之。揚子，固江也。其南嶺則夾石淳淵，特入首品。余嘗試之，誠與山泉無異。若吳淞江，則水之最下者也，亦復入首品，甚不可解。

九井水

井，清也，泉之清潔者也；通也，物所通用者也；法也節也，令節飲食，無窮竭也。其清出於陰，其通入於淆，其法節由於不得已。脈暗而味滯，故鴻漸曰「井水下」。其曰「井取汲多者」，蓋汲多則氣通而活耳。終非佳品，勿食可也。

市廛居民之井，煙爨稠密，污穢滲漏，特潢潦耳。在郊原者庶幾。

深井多有毒氣。葛洪方五月五日，以雞毛試投井中，毛直下無毒，若回四邊，不可食。淘法以竹篩下水，方可下濬。

若山居無泉，鑿井得水者，亦可食。

井味鹹色綠者，其源通海。舊云「東風時鑿井則通海脈」，理或然也。

井有異常者，若火井、粉井、雲井、風井、鹽井、膠井，不可枚舉。而水井則又純陰之寒也，皆宜知之。

十緒談

　　凡臨佳泉，不可容易漱濯。犯者每為山靈所憎。泉坎須越月淘之，革故鼎新，妙運當然也。

　　山禾固欲其秀而蔭，若叢惡則傷泉。今雖未能使瑤草瓊花披拂其上，而修竹幽蘭自不可少也。

　　作屋覆泉，不惟殺盡風景，亦且陽氣不入，能致陰損，戒之戒之。若其小者，作竹罩以籠之，防其不潔之侵，勝屋多矣。

　　泉中有蝦蟹子蟲，極能腥味，亟宜淘淨之。僧家以羅濾水而飲，雖恐傷生，亦取其潔也。包幼嗣《淨律院》詩「濾水澆新長」，馬戴《禪院》詩「慮泉侵月起」，僧簡長詩「花壺濾水添」是也。泉稍遠而欲其自入於山廚，可接竹引之，承之以奇石，貯之以峥缸，其聲尤琤淙可愛。駱賓王詩「刳木取泉遙」，亦接竹之意。

　　去泉再遠者，不能自汲遣誠實山童取之，以免石頭城下之偽。蘇子瞻愛玉女河水，付僧調水符取之，亦惜其不得枕流焉耳。故曾茶山《謝送惠山泉》詩：「舊時水遞經營。」

　　移水而以石洗之，亦可以去搖盪之濁滓。若其味則愈揚減矣。

　　移水取石子置瓶中，雖養其味，亦可澄水，令之不淆。黃魯直《惠山泉》詩「錫谷寒泉石擷俱」〔註3〕是也。擇水中潔淨白石，帶泉煮之，尤妙尤妙。

　　汲泉道遠，必失原味。唐子西云：「茶不問團銙，要之貴新。水不問江井，要之貴活。」又云：「提瓶走龍塘，無數千步，此水宜茶，不減清遠峽。」而海道趨建安，不數日可至。故新茶不過三月至矣。今據所稱，已非嘉賞。蓋建安皆碾磑〔註4〕茶。且必三月而始得。不若今之芽茶，於清明穀雨於之前，陟採而降煮也。數千步取塘水，較之石泉新汲，左勺右鐺，又何如哉。余嘗謂二難具享，誠山居之福者也。

　　山居之人，固當惜水，況佳泉更不易得，尤當惜之，亦作福事也。章孝標《松泉》詩：「注瓶雲母滑，漱齒茯苓香。野客偷煎茗，山僧惜淨床。」夫言偷則誠貴矣，言惜則不賤用矣。安得斯客斯僧也，而與之為鄰邪？

〔註3〕原詩名為《謝黃從善司業寄惠山泉》，詩句如下：「錫谷寒泉擷石俱，並得新詩薰尾書。急呼烹鼎供茗事，晴江急雨看跳珠。是功與世滌膻腴，令我屢空常晏如。安得左轓清潁尾，風爐煮茗臥西湖。」
〔註4〕碾磑〔niǎn wèi〕：古時用水力啟動的石臼石磨類。

山居有泉數處，若冷泉、午月泉，一勺泉，皆可入品。其視虎丘石水，殆主僕矣，惜未為名流所賞也。泉亦有幸有不幸邪？要之，隱於小山僻野，故不彰耳。竟陵子可作，便當煮一杯水，相與蔭青松，坐白石，而仰視浮雲之飛也。

附錄原序跋

序

田子藝，夙厭塵囂，歷覽名勝。竊慕司馬子長之為人，窮搜遐討。固嘗飲泉覺爽，啜茶忘喧，謂非膏粱紈綺可語。爰著《煮泉小品》，與漱流枕石者商焉。考據該洽，評品允當，寔泉茗之信史也。命予敘之，刻燭以俟。予惟贊皇公之鑒水，競陵子之品茶，耽以成癖，罕有儷者。洎丁公言《茶圖》，顧論採造而未備；蔡君謨《茶錄》，詳於烹試而弗精；劉伯芻、李季卿論水之宜茶者，則又互有同異；與陸鴻漸相背弛，甚可疑笑。近雲間徐伯臣氏作《水品》，茶復略矣。粵若子藝所品，蓋兼昔人之所長，得川原之雋味。其器宏以深，其思沖以淡，其才清以越，具可想也。殆與泉茗相渾化者矣，不足以洗塵囂而謝膏綺乎？重違嘉懇，勉綴首簡。

嘉靖甲寅冬十月既望，仁和趙觀撰。

跋

子藝作泉品，品天下之泉也。予問之曰：「盡乎？」子藝曰：「未也。夫泉之名，有甘、有醴、有冷、有溫、有廉、有讓、有君子焉。皆榮也。在廣有貪，在柳有愚，在狂國有狂，在安豐軍有咄，在日南有淫，雖孔子亦不飲者有盜，皆辱也。」予聞之曰：「有是哉，亦存乎其人爾。天下之泉一也。惟和士飲之則為甘，祥士飲之則為醴，清水飲之則為冷，厚土飲之則為溫；飲之於伯夷則為廉，飲之於虞舜則為讓，飲之於孔門諸賢則為君子。使泉雖惡，亦不得而污之也。惡乎辱？泉遇伯封可名為貪，遇宋人可名為愚，遇謝奕可名為狂，遇項羽可名為咄，遇鄭衛之俗可名為淫，其遇跖也，又不得不名為盜。使泉雖美，亦不得而自濯也，惡乎榮？」子藝曰：「噫，予品泉矣，子將兼品其人乎？予山中泉數種，請附其語於集，且以貽同志者，毋混飲以吾泉。」餘杭蔣灼題。

60 水品

〔明〕徐獻忠

題解

　　此《水品》以喻政《茶書》本為底，兼參考《中國古代茶道秘本五十種》本之《水品全秩》而錄。徐獻忠（1493～1569），字伯臣，號長谷，明松江府華亭（今上海松江）人。嘉靖四年（1525）中舉後，先為奉化縣令，後棄官歸隱吳興，專注藏書、讀書，有《吳興掌故集》《水品》等作品流傳。此《水品》乃歷代水作之較為系統專全者。卷上總論水之源、青、流、甘、寒、品等，即總體談論水的特色、質量、品級諸義。屬於泛論、總說，從一定理論高度來審視水文化。卷下則具體談論當時天下各處名水。錄於此者，一因其文較有體系性，其水談較全。二因其泉水中有直接的禪家元素，如八功德水、京師西山玉泉、無錫惠山寺水、天目山潭水、黃岩靈谷寺香泉等。其餘諸水，也多與山寺禪人有關。故此《水品》，於禪茶文化中不可或缺。

序

　　余嘗著《煮泉小品》，其取裁於鴻漸《茶經》者，十有三。每閱一過，則塵吻生津，自謂可以忘渴也。近遊吳興，會徐伯臣示《水品》，其旨契合餘者，十有三。緬視又新、永叔諸篇，更入神矣。蓋水之美惡，固不待易牙之口而自可辨。若必飲一一第其甲乙，則非盡聚天下之水而品之，亦不能無爽也。況斯地也，茶泉雙絕；且桑苧翁作之於前，長谷翁述之於後，豈偶然耶？攜歸併梓之，以完泉史。

　　嘉靖甲寅秋七月七日錢塘田藝蘅題。

卷上 總說品相 〔註1〕

一源

或問山下出泉日艮，一陽在上，二陰在下，陽騰為雲氣，陰注液為泉，此理也。二陰本空洞處，空洞出泉，亦理也。山中本自有水脈，洞壑通貫而無水脈，則通氣為風。

山深厚者若大者，氣盛麗者，必出佳泉水。山雖雄大而氣不清越，山觀不秀，雖有流泉，不佳也。

源泉實關氣候之盈縮，故其發有時而不常，常而不涸者，必雄長于群粹而深源之發也。

泉可食者，不但山觀清華，而草木亦秀美，仙靈之都薄也。

瀑布水，雖盛，至不可食。汛激撼蕩，水味已大變，失真性矣。瀑字，從水、從暴，蓋有深義也。予嘗攬瀑水上源，皆流會合處，出口有峻壁，始垂掛為瀑，未有單源只流如此者，源多則流雜，非佳品可知。

瀑水垂洞口者，其名曰簾，指其狀也，如康王穀水是也。

瀑水雖不可食，流至下潭停匯久者，復與瀑處不類。

深山窮谷，類有蛟蛇毒沫，凡流來遠者，須察之。

春夏之交，蛟蛇相感，其精沫多在流中，食其清源或可爾，不食更穩。

泉出沙土中者，其氣盛湧，或其下空洞通海脈，此非佳水。

山東諸泉，類多出沙土中，有湧激吼怒，如豹突泉是也。豹突水，久食生頸癭，其氣大濁。

汝州水泉，食之多生癭。驗其水底，凝濁如膠，氣不清越乃至此。聞蘭州亦然。

濟南王府有名珍珠泉者，不待拊掌振足，自浮篇珠。此氣太盛，恐亦不可食

山東諸泉，海氣太盛，漕河之利，取給於此。然可食者少，故有聞名甘露，淘米茶泉者，指其可食也。若洗缽，不過賤用爾。其臭泉、皂泥泉、濁河等泉太甚，不可食矣。

〔註1〕題為編者所加。總類上，似乎與田藝蘅《煮泉小品》同一理路，蓋因二人乃
　　　為好友故。只是細處，詳盡處，自然又出乎田子藝較多。

傳記論泉源有杞菊，能壽人。今山中松苓、雲母、流脂、伏液，與流泉同宮，豈下杞菊。浮世以厚味奪真氣，日用之不自覺爾。昔之飲杞水而壽，蜀道漸通，外取醯鹽食之，其壽漸鹹，此可證。

水泉初發處，甚澹；發於山之外麓者，以漸而甘；流至海，則自甘而作鹹矣。故汲者持久，水味亦變。

閩廣山嵐有熱毒，多發於花草水石之間。如南靖沄水坑，多斷腸草、落英在溪，十里內無魚蝦之類。黃岩人顧永主簿，立石水次，戒人勿飲。天台蔡霞山為省參時，有語云：「大雨勿飲溪，道傍休嗅草。」此皆仁人用心也。

水以乳液為上，乳液必甘，稱之，獨重於他水。凡稱之重厚者，必乳泉也。丙穴魚以食乳液，特佳。煮茶稍久，上生衣，而釀酒大益。水流千里者，其性亦重。其能煉雲母為高，靈長下注之流也。

水源有龍處，水中時有赤脈，蓋其涎也，不可犯。晉溫矯燃犀照水，為神所怒，可證。

二青

泉有滯流積垢，或霧翳雲翁，有不見底者，大惡。若泠谷澄華，性氣清潤，必涵內光，澄物影，斯上品爾。

山氣幽寂，不近人村落，泉源必清潤可食。

骨石巉嶻〔註2〕而外觀青蔥，此泉之土母也。若土多而石少者，無泉，或有泉而不清，無不然者。

春夏之交，其水盛至，不但蛟蛇毒沫可慮，山墟積腐經冬月者，多流出其間，不能無毒。雨後澄寂久，斯可言水也。

泉上不宜有木，吐葉落英，悉紳腐積，其幼為滾水蟲，旋轉吐納，亦能敗泉。

泉有滓濁，須滌去之。但為覆屋作人巧者，非丘壑本意。

《湘中記》曰：湘水至清，雖深五六丈，見底了了。石子如樗蒲矢，五色鮮明。白沙如霜雪，赤岸如朝霞。此異境，又別有說。

三流

水泉雖清映，甘寒可愛，不出流者，非源泉也。雨澤滲積，久而澄寂爾。

《易》謂「山澤通氣」。山之氣，待澤而通；澤之氣，待流而通。

〔註2〕巉嶻〔chán jié〕：山勢高峻險要。

《老子》谷神不死，殊有深義。源泉發處，亦有谷神，而混混不捨晝夜，所謂不死者也。

源氣盛大，則注液不窮。陸處士品：「山水上，江水中，井水下。」其謂中理。然井水淳泓，地中陰脈，非若山泉天然出也，服之中聚易滿，煮藥物不能發散流通，忌之可也。《異苑》載句容縣季子廟前井，水常沸湧。此當是泉源，止深鑒為井爾。

《水記》第虎丘石水居三。石水雖泓渟，皆雨澤之積，滲竇之潢也。虎丘為闔閭墓隧，當時石工多閟死。山僧眾多，家常不能無穢濁慘入，雖名陸羽泉，與此粉通，非天然水脈也。道家服食，忌與屍氣近，若暑月憑臨其上，解滌煩襟可也。

四甘

泉品以甘為上，幽谷甘寒清越者，類出甘泉，又必山林深厚盛麗，外流雖近而內源遠者。

泉甘者，試稱之必重厚。其所由來者，遠大使然也。江中南零水，自岷江發流，數千里始澄於兩石間，其性亦重厚，故甘也。

古稱醴泉，非常出者，一時和氣所發，與甘露、芝草同為瑞應。《禮緯》云：「王者刑殺當罪，賞錫當功，得禮之宜，則醴泉出於闕庭。」《鶡冠子》曰：「聖王子德，上薄太清，下及太寧，中及萬靈，則醴泉出。」光武中元元年，醴泉出京師。唐文皇貞觀初，出西城之陰。醴泉食之令人壽考，和氣暢達，宜有所然。

泉上不宜有惡木，木受雨露，傳氣下注，善變泉味。況根株近泉，傳氣尤速，雖有甘泉不能自美。猶童蒙之性，繫於所習養也。

五寒

泉水不甘寒，俱下品。《易》謂「並列寒皋食」，可見並泉以寒為上。金山在華亭海上，有寒穴，諸詠其勝者，見郡志。廣中新成縣，冷泉如冰，此皆其尤也。然凡稱泉者，未有捨寒列而著者。

溫湯在處有之，《博物志》：「水源有石硫磺，其泉溫，可療瘡痍。」此非食品也。《黃庭內景》湯谷神王，乃內景自然之陽神，與地道溫湯相耀列爾。

余嘗有《水頌》云：「景丹霄之浩露，眷幽谷之浮華。瓊醴庶以消憂，玄津抱而絡老。」蓋指甘寒也。

泉水甘寒者多香，其氣類相從爾。凡草木敗泉味者，不可求其香也。

六品

陸處士品水，據其所嘗諸者，二十水爾，非謂天下佳泉水盡於此也，然其論故有失得。自予所至者，如虎丘石水及二瀑水，皆非至品；其論雪水，亦自至地者，不知長桑君上池品，故在凡水上。其取吳松江水，故惘惘非可信。吳松潮汐上下，故無瀦泓若南泠在二石間也。潮海性滓濁，豈待試哉。或謂是吳江第四橋水。茲又震澤東注，非吳松江水也。予嘗就長橋試之，雖清激處亦腐梗作土氣，全不入品，皆過言也。〔註3〕

張又新記淮水，亦在品列。淮故湍悍滓濁，通海氣，自昔不可食，今與河合派〔註4〕，又水之大幻也。李記以唐州栢岩縣，淮水源庶矣。

陸處士能辨近岸水非南零，非無旨也。南零洄洑淵渟，清激重厚；臨岸故常流水爾，且混濁迥異，嘗以二器貯之自見。昔人且能辨建業城下水，況零岸故清濁易辨，此非誕也。歐陽修《大明水記》直病之，不甚詳悟爾。

處士云：「山水上，江水中，井水下。其山水，揀乳泉、石池慢流者上，其瀑湧湍激勿食之。久食令人頸疾。又多別流，於山谷者，澄浸不泄，自火天至霜郊以前，或潛龍蓄毒其間，飲者可決之，以流其惡；使新泉涓涓酌之。」此論至確，但瀑水不但頸疾，故多毒沫可慮。其云：「澄寂不泄，是龍潭水。」此雖出其惡，亦不可食。

論「江水取去人遠者」，亦確。「井取汲多者」，止自乏泉處可爾。並故非品。

處士所品可據及不能盡試者，並列：荊州蘭溪石下水；峽州扇子山下，有石突，然泄水獨清泠，狀如龜形，俗云蝦蟆口水；廬山招賢寺下方橋潭水；洪州西山東瀑布水；廬州龍池山水；漢江金州上游中零水；歸州玉虛洞下香溪水；商州武關西洛水；郴州圓泉水。

〔註3〕或是時移世易，也或是個體審美、味覺差異。
〔註4〕派〔pài〕：古同「派」，支流。

七雜說

移泉水遠去，信宿之後，便非佳液。法取泉中子石養之，味可無變。

移泉須用常汲舊器，無火氣變味者，更須有容量，外氣不乾。

東坡洗水法，直戲論爾，豈有汲泉持久，可以子石淋數過還味者！

暑中取淨子石疊盆盂，以清泉養之；此齋閣中天然妙相也，能清暑，長目力。東坡有怪石供此，殆泉石供也。

處士《茶經》，不但擇水，其火用炭或勁薪，其炭曾經燔，為腥氣所及，及膏木敗器不用之。古人辨勞薪之味，殆有旨也。

處士論煮茶法，初沸水合量，調之以鹽味。是又厄水也。

卷下 天下名水〔註5〕

上池水

湖守李季卿與陸處士論水精劣，得二十種，以雪水品在末後，是非知水者。昔者秦越人遇長桑君，飲以上池之水，三十日當見物。上池水者，水末至地，承取露華水也。《漢武志》慕神仙，以露盤取金莖飲之。此上池真水也，《丹經》以方諸取太陰真水，亦此義。予謂露雪雨冰，皆上池品，而露為上。朝露未晞時，取之栢葉及百花上佳，服之可長年不饑。《續齊諧記》：司農鄧沼，八月朝，入華山，見一童子以五色囊承取葉下露。露皆如珠，云：「赤松先生取以明目。」《呂氏春秋》云：「水之美者，有三危之露。」為水即味重於水也。《本草》載：六天氣，令人不饑，長年美顏色，人有急難阻絕之處，用之如龜蛇服氣不死，陽陵子明經言：「春食朝露，秋食飛泉，冬食沆瀣，夏食正陽，並天玄地黃，是為六氣。亦言」平明為朝露，日中為正陽，日入為飛泉夜，夜半為沆瀣，此又服氣之精者。

玉井水

玉井者，諸產有玉處，其泉流澤潤，久服令人仙。《異類》云：「崑崙山有一石柱，柱上露盤，盤上有玉水溜下，土人得一合服之，與天地同年。又太華山有玉水，人得服之長生。」今人山居者多壽考，豈非玉石之津乎！

《十洲記》：瀛洲，有玉膏泉如酒，令人長生。

南陽酈縣北潭水

酈縣北潭水，其源悉芳菊生被岸，水為菊味。盛洪之《荊州記》：「太尉胡廣久患風羸，常汲飲此水，遂療。」《抱朴子》云：「酈縣山中有甘穀水。」其居民悉食之，無不壽考。故司空王暢、太尉劉寬、太僻袁隗，皆為南陽太守，常使酈縣月送甘穀水四十斛，以為飲食，諸公多患風痺及眩，皆得愈。

按：寇宗奭《衍義》菊水之說甚怪，水目有甘澹，焉知無有菊味者？嘗官於永耀間，沿幹至洪門北山下古石渠中，泉水清徹，其味與惠山泉水等。亦微香，烹茶尤相宜。由是知泉脈如此。

金陵八功德水

八功德水，在鍾山靈谷寺。八功德者：一清、二冷、三香、四柔、五甘、六淨、七不噎、八除痾〔註6〕。昔山僧法喜，以所居乏泉，精心求西域阿耨池水，七日掘地得之。梁以前，常以供御池，故在峭壁。國初遷寶誌塔，水自從之，而舊池遂涸。人以為異，謂之靈谷者。自琵琶街鼓掌，相應若彈絲聲，且志其徙水之靈也。陸處士足跡未至此水，尚遺品錄。予以次上池玉水及菊水者，蓋不但諧諸草木之英而已。

鍾陰有梅花水，手掬弄之，滴下皆成梅花。此石乳重厚之故，又一異景也。鍾山故有靈氣，而泉液之佳，無過此二水。

句曲山喜客泉

大茅峰東北，有喜客泉，人鼓掌即湧沸，津津散珠。昭明讀書臺下拊掌泉，亦同此類。茅峰故有丹金，所產多靈木，其泉液宜勝。

按：陶隱居《真誥》云：「茅山左右有泉水，皆金玉之津氣」。又云：「水味是清源洞遠沾爾，水色白，都不學道，居其土，飲其水，亦令人壽考。是金精潤液塞之所溉耶？」今之好遊者，多紀岩壑之勝，鮮及此也。

王屋山玉泉聖水

王屋山，道家小有洞天。蓋濟水之源，源於天壇之巔，伏流至濟瀆祠，復見合流，至溫縣虢公臺，入於河，其流汛疾。在醫家去痾，如東阿之膠，青州之白藥，皆其伏流所製也。其半山有紫微宮，宮之西，至望仙坡北折一里，有玉泉，名玉泉聖水。《真誥》云：「王屋山，仙之別天，所謂陽臺是也。諸始

〔註6〕痾〔kē〕：古同「屙」，病。

得道者，皆詣陽臺。陽臺是清虛之宮。」「下生鮑濟之水，水中有石精，得而服之可長生。」

泰山諸泉

玉女泉，在嶽頂之上，水甘美，四時不竭，一名聖水池。白鶴泉，在升元觀後，水冽而美。王母池，一名瑤池，在泰山之下，水極清，味甘美。崇寧間，道士劉崇氂石。

此外有白龍池，在嶽西南，其出為漆河。仙臺嶺南一池，出為汶河。桃花峪，出為洋河。天神泉懸流如練，皆非三水比也。

天書觀旁，有醴泉。

華山涼水泉

華山第二關即不可登越，鑿石竅，插木攀援若猿猱，始得上。其涼水泉，出竇間，芳冽甘美，稍以憩息，固天設神水也。自此至青牛，平入通仙觀，可五里爾。

終南山澂源池

絳南山之陰太乙宮者，漢武因山有靈氣，立太乙元君祠於澂源池之側。宮南三里，入山谷中，有泉出奔，聲如擊筑、如轟雷，即澂源泒也。池在石鏡之上，一名太乙湫，環以群山，雄偉秀特，勢逼霄漢。神靈降遊之所，止可飲勻取甘，不可穢褻，蓋靈山之脈絡也。杜陵、韋曲列居其北，降生名世有自爾。

京師西山玉泉

玉泉山在西山大功德寺西數百步，山之北麓，鑿石為螭頭，泉自口出，瀦而為池。瑩徹照映，其水甘潔，上品也。東流入大內，注都城出大通河，為京師八景之一。京師所艱得惟佳泉，且北地暑毒，得少憩泉上，便可忘世味爾。

又西香山寺有甘露泉，更佳。道險遠，人鮮至，非內人建功德院，幾不聞人間矣。

偃師甘露泉

甘泉在偃師東南，瑩徹如練，飲之若飴。又緱山浮丘冢，建祠於庭下，出一泉，澄澈甘美，病者飲之即愈，名浮丘靈泉。

林慮山水簾

大行之奇秀，至林慮之水簾為最。水聲出亂石中，懸而為練，湍而為漱，飛花旋碧，喧豗〔註7〕飄灑，其瀦而為泓者，清澈如空，纖芥可見。坐數十人，蓋天下之奇觀也。

蘇門山百泉

蘇門山百泉者，衛源也。「毖彼泉水」詩，今尚可誦。其地山岡勝麗，林樾幽好，自古幽寂之士，卜築嘯詠，可以洗心漱齒。晉孫登、嵇康，宋邵雍皆有陳跡可尋。討其光寒沕穆〔註8〕之象，聞之且可醒心，況下上間耶？

濟南諸泉

濟南名泉七十有二，論者以瀑流為上，金線次之，珍珠又次之；若玉環、金虎、柳絮、皇華、無憂及水晶簟，皆出其下。所謂瀑流者，又名豹突，在城之西南濼水源也。其水湧瀑而起，久食多生頸疾。金線泉，有紋如金線；珍珠泉，今王府中，不待振足拊掌，自然湧出珠泡，恐皆山氣太盛，故作此異狀也。然昔人以三泉品，居上者，以山川景象秀朗而言爾；未必果在七十二泉之上也。有杜康泉者，在舜祠西廡〔註9〕，云杜康取此釀酒。昔人稱揚子中泠水，每升重二十四銖，此泉止減中泠一銖。今為覆屋而堙，或去廡屋受雨露，則靈氣宣發也。又大明湖，發源於舜泉，為城府特秀處。繡〔註10〕江發源長白山下，二處皆有芰荷洲渚之勝，其流皆與濟水合。恐濟水隱伏其間，故泉池之多如此。

廬山康王穀水

陸處士云：瀑湧湍漱，勿食之，康王穀水簾上下，故瀑水也，至下潭澄寂處，始復其真性。李季卿序次有瀑水，恐託之處士。

楊子中泠水

往時江中惟稱南零水，陸處士辨其異於岸水，以其清澈而味厚也，今稱中泠。往時金山屬之南岸，江中惟二泠，蓋指石䃟山南北流也。今金山淪入

〔註7〕喧豗〔huī〕：聲音激蕩迴環。
〔註8〕沕穆〔wù mù〕：天地玄奧微妙。
〔註9〕廡〔wǔ〕：堂下周屋、西屋。古時有廊廡一詞，廊無壁，屬通道；廡有壁，用以住宿。
〔註10〕繡，同「繡」。

江中，則有三流水，故昔之南泠，乃列為中泠爾。中泠有石骨，能渟水不流，澄凝而味厚。今山僧憚汲險，鑿西麓一井代之，輒指為中泠，非地。

無錫惠山寺水

何子叔皮一日汲惠水遺予，時九月就涼，水無變味，對其使烹食之，大佳也。明年，予走惠山，汲煮陽羨鬥品〔註11〕，乃知是石乳。就寺僧再宿而歸。

洪州噴霧崖瀑

在蟠龍山，飛瀑傾注，噴薄如霧，宋張商英遊此題云：「水味甘腴，偏宜煮茗。」范成大亦以為天下瀑布第一。

萬縣西山包泉

宋元符間，太守方澤為銘，以其品與惠山泉相上下。轉運張繢詩：「更挹岩泉分茗碗，舊遊彷彿記孤山。」

雲陽縣有天師泉，止自五月江漲時溢出，九月即止。雖甘潔清洌，不貴也；多喜山雌雄泉，分陰陽盈竭，斯異源爾。

潼川

鹽亭縣西，自劍門南來四百里為負戴山，山有飛龍泉，極甘美。遂寧縣東十里，數峰壁立，有泉自岩滴下成穴，深尺餘。紺碧甘美，流注不竭，因名靈泉。宋楊大淵等守靈泉山即此。

雁蕩龍鼻泉

浙東名山，自古稱天台，而雁蕩不著，今東南勝地輒稱之，其土有二龍湫：大湫數百頃，小湫亦不下百頃。勝處有石屏、龍鼻水。屏有五色異景，石乳自龍鼻滲出，下有石渦承之，作金石聲。皆自然景象，非人巧也。小湫今為遊僧開泄成田，郡內養蔭龍氣，在術家為龍樓真氣，今泄之，山川之秀頓減矣。

天目山潭水

浙西名勝必推天目，天目者，東南各一湫如目也。高巔與層霄北近，靈景超絕，下發清泠，與瑤池同勝。山多雲母、金沙，所產吳朮、附子、靈壽滕，皆異穎，何下于杞菊水！南北皆有六潭，道險不可盡歷，且多異獸，雖好

〔註11〕鬥品，即「斗品」，上品。

遊者不能遍。山深氣早寒，九月即閉關，春三月方可出入。其跡靈異，晴空稍起雲一縷，雨輒大至，蓋神龍之窟宅也。山居谷汲，予有夙慕云。

吳興白雲泉

吳興金蓋山，故多雲氣。乙未三月，與沈生子內曉入山。觀望四山，繚繞如垣，中間田畟平衍，環視如在甑中受蒸潤也。少焉日出，雲氣漸散，惟金蓋獨遲，越不易解。予謂氣盛必有佳泉水，乃南陟坡陁〔註12〕，見大楊梅樹下，汩汩有聲，清泠可愛，急移茶具就之，茶不能變其色。主人言，十里內蠶絲俱汲此煮之，輒光白大售。下注田畟，可百畝，因名白雲泉云。

吳興更有杼山珍珠泉，如錢唐玉泉，可拊掌出珠泡。玉泉多餌五色魚，穢垢山靈爾，杼山因僧皎然夙著。

顧渚金沙泉

顧渚每歲採貢茶時，金沙泉即湧出。茶事畢，泉亦隨涸，人以為異。元末時，乃常流不竭矣。

碧林池（在吳興弁山太陽塢）

《避暑錄》云：「吾居東西兩泉。」「匯而為沼，才盈丈，溢其餘於外不竭。東泉決為澗，經碧林池，然後匯大澗而出。兩泉皆極甘，不減惠山，而東泉尤列。」

四明山雪竇上岩水

四明山巔出泉甘列，名四明泉，上矣。南有雪竇，在四明山南極處，千丈岩瀑水殊不佳，至上岩約十許里，名隱潭，其瀑在險壁中，甚奇怪。心弱者不能一置足其下，此天下奇洞房。也至第三潭水，清泚芳潔，視天台千丈瀑布殊絕爾。天台康王谷，人跡易至。雪竇甚閟〔註13〕，潭又雪竇之閟者。世間高人自晦於蓬藋〔註14〕間，若此水者，豈堪算計耶。

天台桐柏宮水

宮前千仞石壁，下發一源，方丈許，其水自下湧起如珠，溉灌甚多，永甘列入品。

〔註12〕陁〔tuó〕：不平處，偏隱處。
〔註13〕閟〔bì〕：古同「閉」。此處為隱秘、幽靜之義。
〔註14〕蓬藋〔péng diào〕：蓬草、藋草。泛指草叢、草莽。

黃岩靈谷寺香泉

寺在黃岩、太平之間，寺後石罅中，出泉甘冽而香，人有名為聖泉者。

麻姑山神功泉

其水清冽甘美，石中乳液也。土人取以釀酒，稱麻姑者，非釀法，乃水味佳也。

黃岩鐵篩泉

方山下出泉，甚甘，古人慾避其泛沙，置鐵篩其內，因名。士大夫煎茶，必買此水，境內無異者。有宋人潘愚谷詩黃岩八景之意也。

樂清縣沐簫泉

沐簫是王子晉遺跡，山上有簫臺，其水闊境，用之，佳品也。

福州閩越王南台山泉

泉上有白石壁，中有二鯉形，陰雨鱗目粲然。貧者汲賣泉水，水清泠可愛。土人以南山有白石，又有鯉魚，似甯戚歌中語，因傳會戚飯牛於此。

桐廬嚴瀨水

張君過桐廬江，見嚴子瀨溪水清泠，取煎佳茶，以為愈於南泠水。予嘗過瀨，其清湛芳鮮，誠在南泠上。而南泠性味俱重，非瀨水及也。瀨流泄處，亦殊不佳。臺下灣窈回洑澄渟，始是佳品。必緣陟上下方得之，若舟行捷取，亦嘗然波爾。

姑蘇七寶泉

光祿寺左鄧尉山東三里有七寶泉，發石間，環甃以石，形如滿月。庵僧接竹引之，甚甘。吳門故乏泉，雖虎丘名陸羽泉，予尚以非源水下之。顧此水不錄，以地僻隱，人跡罕至故也。

宜興三洞水

善權寺前有湧金泉，發於寺後小水洞，有竇形如偃月，深不可測。李司空碑謂，微時親見白龍騰出洞中，蓋龍穴也，恐不可食。今人有飲者，云無害。西南至大水洞，其前湧泉奔赴石上，濺沫如銀，注入洞中。出小水洞，蓋一源也。

張公洞東南至會仙岩，其下空洞，有泉出焉。自右而趨，有聲潺潺可聽。

南嶽銅官山麓有寺，寺有卓錫泉，其地即古之陽羨，產茶獨佳。每季春，縣官祀神泉上，然後入貢。

寺左三百步，有飛瀑千遲，如白龍下飲，匯而為池。相傳稠錫禪師卓錫出泉於寺，而剖腹洗脾於此，今名洗腸池。此或巢由洗耳之意，或飲此水可以洗滌腸中穢跡，因而得名爾。其側有善行洞，庵後有泉出石間，涓涓不息。僧引竹入廚煎茶，甚佳。天下山川，其怪幽寂，莫逾此三洞。近溧陽使君恭甫，更於玉女潭搜剔水石，構結精廬，其名勝殆冠絕，雖降仙真可也，況好遊人士耶？

華亭五色泉

松治西南數百步，相傳五色泉，士子見之，輒得高第。今其地無泉，止有八角井，云是海眼。禱雨時，以魚負鐵符下其中，後漁人得之。白龍譚井水，甘而冽，不下泉水。所謂五色泉，當是此，非別有泉也。丹陽觀音寺、揚州大明寺水，俱入處士品，予嘗之與八角無異。

金山寒穴泉

松江治南海中金山上有寒穴泉。按：宋毛滂《寒穴泉銘序》云：「寒穴泉甚甘，取惠山泉並嘗，至三四反覆，略不覺異。」王荊公《和唐令寒穴泉》詩有云：「山風吹更寒，山月相與清。」今金山淪入海中，汲者不至，他日桑海變遷，或仍為岸谷，未可知也。

後跋

徐子伯臣，往時曾作唐詩品，今又品水，豈水之與詩，其泠然之聲、沖然之味有同流耶？子嘗語田子曰：吾三人者，何時登崑崙、探河源，聽奏鈞天之洋洋，還涉三湘；過燕秦諸傳，相與飲水賦詩，以盡品鹹池、韵濩〔註15〕之樂，徐子能復有以許之乎！餘杭蔣灼跋。

〔註15〕「韵濩」，曲名，原本為「韶濩」，誤。

61 運泉約

〔明〕李日華

題解

　　《運泉約》錄於《紫竹軒雜綴》卷三，見《李竹懶先生說部》第三種，哈佛大學圖書館藏漢文善本油印本。李日華（1565～1635），浙江嘉興人，自君實，號九疑、竹懶，萬曆二十年（1592）進士。其《味水軒日記》《六研齋筆記》《紫桃軒雜綴》等作品均記錄了大量的識茶品飲等事。此《運泉約》主要談文人雅士講究以好泉煮好茶，所以不惜「訂約」付資，雇用勞力從遠處運送佳泉，並且要求以最短時間而保證泉水的鮮活氣色。錄之於此，可見古時諸茶人為求雅致而願付出高代價之種種行為。實際上，禪茶之事，可俗可雅，可粗可精，惟在以平常心視之。

正文

　　吾輩竹雪神期，松風齒頰，暫隨飲啄人間，終擬逍遙物外。名山未即，塵海何辭！然而搜奇鍊句，液瀝易枯；滌滯洗蒙，茗泉不廢。月團三百，喜拆魚緘；槐火一篝，驚翻蟹眼。陸季疵之著述，既奉典刑；張又新之編摩，能無鼓吹。昔衛公宦達中書，頗煩遞水，杜老潛居夔峽，險叫濕雲。今者，環處惠麓，逾二百里而遙；問渡松陵，不三四日而致。登新捐舊，轉手妙若轆轤；取便費廉，用力省於桔槔。凡吾清士，咸赴嘉盟。運惠水：每壇償舟力費銀三分，水壇壇價及壇蓋自備不計。水至，走報各友，令人自抬。每月上旬斂銀，中旬運水。月運一次，以致清新。願者書號於左，以便登冊，並開壇數，如數

付銀。某月某日是付。〔註1〕松雨齋主人謹訂。〔註2〕

〔註1〕茶事的種植采造到供應消費，向來是一個龐大的產業鏈。不同的人，各取所
　　　　需罷了。

〔註2〕此泉說之外，李日華《紫桃軒雜綴》卷一中有《竹懶茶衡》品茶小集，趣味
　　　　橫生，完全可作為日常禪茶之榜樣。可參考中央書店1935年版之《紫桃軒雜
　　　　綴》。

62 水之功

〔明〕盧復

題解

　　《水之功》乃由明代醫家盧復所撰，收於《芷園日記》中，亦可見於其子盧之頤著作《本草乘雅半偈》卷七。盧復崇信佛教，精通大乘禪理，其茶論中多處可見禪意，而且醫家品茶談水，視角自是獨特。其人著作甚多，如《芷園覆餘》《芷園臆草題藥》《芷園臆草勘方》《芷園日記》等。在《水之功》中，盧復認為，烹茶，水之決定性占六成。泉水最佳，雨水為次，雪水也甚佳。煮茶之前，應當用水甕蓄水、養水，甕中要鋪墊石子，其效果絕佳。他舉例自己拜訪南屏僧時得碧婆煮茶，茶具皆平常，但所煮之茶味絕可口，原因除了煮茶技藝外，更在於泉水之功。不過，後來發現，煮好茶也不是非泉水不可。某次欲用甕中所蓄梅雨水煮茶時，卻看見甕中生蟲，就放棄了。但一段時間後，僕人誤打誤撞用甕中水煮茶，居然非常香美，於是更得出雨水要久養煮茶才香的結論。之後便準備更多大甕存儲雨水，久置而烹茶，自稱天泉。待客或自飲之間，頗享受無量快活。醫家對水一般都極為講究，也更懂得如何運用水之功效奧妙，盧復對水親煮親嘗，得其中妙趣，自是一絕。現代人雖然已很少用雨水煮茶，但部分茶人還是喜歡用陶甕養水以享用。如此之用心，在茶飲中，非惟對水，想必也應細緻到每個環節。

正文

　　烹茶，水之功居六。無泉則用天水，秋雨為上，梅雨次之，秋雨冽而白，梅雨醇而白。雪水，五穀之精也，但色不能白。養水須置石子於甕，不唯益

水，而白石清泉，會心亦不在遠。〔註1〕

　　壬寅臘八，過南屏僧，碧婆煮茶，不拘老嫩，皆可人口。又不在茶具，雖飯鑊中亦稱其旨。時與之遊，遂成茶癖。每令長須遠汲虎跑泉、葛仙翁井或索友人攜來惠山泉水，以茶之妙在水發也。每值梅雨，托布承接，或荷葉，或磁盤，或以錫作板，溜積甕中，試烹都有霧氣，遠不及泉水之清且潔也。

　　一日，偶取所蓄梅雨，見孑孑烏蟲數十百跳躍碗內，遂棄之，擬傾未果。月餘後，好水吃盡，奴子誤取前水就烹，色味俱全，氣香特盛。乃知天水都好，但未可就用，須置器日久，俟其色變蟲去，色香味始妙。不似山泉，但可留數日，久即味變也。

　　此後不煩遠役，奴子亦不顧取梅雨，唯待久雨時，向急溜中大缸，承貯月餘後另移甕內，百日始佳，半年更妙。四時皆用此法，春雨味更鮮厚，雪色尤為潔白。居鹵斥之地，闤闠之東，日日天泉作供。不但自受用，亦不但供賓客，並及其妻孥，真無量快活也！〔註2〕

〔註1〕其中石子，亦應時常或定時取出淘洗淨，再複放入。
〔註2〕可詳細參考盧之頤所撰《本草乘雅半偈》卷七，第41～42頁。《四庫全書》子部·醫家類，第779冊，第316～317頁。

63 歸田二品

〔清〕梁章鉅

題解

 《歸田二品》為《品泉》《品茶》二篇之合稱，從梁章鉅《歸田瑣記》卷七中摘出，見中華書局 1981 年版《清代筆記史料叢刊》。梁章鉅（1775～1849），字苣中，號苣鄰，晚年自號退庵，嘉慶年間進士。歷任荊州知府、淮海河務兵備道，山東、江蘇、江西按察使，直隸、甘肅、江蘇布政使等，著有《歸田瑣記》《浪跡叢談》《退庵隨筆》等。作為禪茶文化之建構，首先，梁章鉅「二品」具有很濃的田園色彩，田園品格本身即禪的歸趣之一。其次，此「二品」中多次提及各山頂寺觀之泉水、寺觀之種茶製茶等禪茶內容。再次，《品茶》還探討了「茶之四品香清甘活」，同具「四品」者，為茶之極致。此等說法，於其餘茶論中尚未曾見，實屬禪茶意趣高論。

品泉第一

 唐宋以還，古人多講求茗飲，一切湯火之候，瓶盞之細，無不考索周詳，著之為書。然所謂龍團、鳳餅，皆須碾碎方可入飲，非惟煩瑣弗便，即茶之真味，恐亦無存。

 其直取茗芽，投以瀹水即飲者，不知始自何時。沈德符《野獲編》云：「國初四方供茶，以建寧、陽羨為上，時猶仍宋製，所進者俱碾而揉之為大小龍團，至洪武二十四年九月，上以重勞民力，罷造龍團，惟採茶芽以進，其品有四：曰採春，曰先春，曰次春，曰紫筍。置茶戶五百，充其徭役。」乃知

—543—

今法實自明祖創之，〔註1〕真可令陸鴻漸、蔡君謨心服。

憶余嘗再遊武夷，在各山頂寺觀中取上品者，以岩中瀑水烹之，其芳甘百倍於常。時固由茶佳，亦由泉勝也。按品泉始於陸鴻漸，然不及我朝之精。

記在京師，恭讀純廟御製《玉泉山天下第一泉記》云：「嘗製銀斗較之，京師玉泉之水斗重一兩，塞上伊遜之水亦斗重一兩，濟南珍珠泉斗重一兩二釐，揚子金山泉斗重一兩三釐，則較玉泉重二釐或三釐矣。至惠山、虎跑，則各重玉泉四釐，平山重六釐，清涼山、白沙、虎邱及西山之碧雲寺各重玉泉一分。然則更無輕於玉泉者乎？曰有，乃雪水也。常收積素而烹之，輕玉泉斗輕三釐，雪水不可恒得。則凡出山下而有列者，誠無過京師之玉泉，故定為天下第一泉。」

品茶第二

余僑寓浦城，艱於得酒，而易於得茶。蓋浦城本與武夷接壤，即浦產亦未嘗不佳，而武夷焙法，實甲天下。浦茶之佳者，往往轉運至武夷加焙，而其味較勝，其價亦頓增。

其實古人品茶，初不重武夷，亦不精焙法也。《畫墁錄》云：「有唐茶品以陽羨為上供，建溪、北苑不著也。貞元中，常袞為建州刺史，始蒸焙而研之，謂之研膏茶。丁晉公為福建轉運使，始製為鳳團。」今考北苑雖隸建州，然其名為鳳凰山，其旁為壑，源沙溪，非武夷也。東坡作《鳳味硯銘》有云：「帝規武夷作茶囿，山為孤鳳翔且嗅。」又作《荔枝歎》云：「君不見武夷溪邊粟粒芽，前丁後蔡相籠加。」

直以北苑之名鳳凰山者為武夷。《漁隱叢話》辨之甚詳，謂北苑自有一溪，南流至富沙城下，方與西來武夷溪水合流，東去劍浦。然又稱武夷未嘗有茶，則亦非是。按《武夷雜記》云：「武夷茶賞自蔡君謨，始謂其過北苑龍團，周右父極抑之。蓋緣山中不曉焙製法，一味計多徇利之過。」是宋時武夷已非無茶，特焙法不佳，而世不甚貴爾。元時始於武夷置場官二員，茶園百有二所，設焙局於四曲溪，今御茶園、喊山臺其遺跡並存，沿至近日，則武夷之茶，不脛而走四方。且粵東歲運，番舶通之外夷，而北苑之名遂泯矣。武夷九

〔註1〕以茶芽直截沖泡，乃茶史上之重大變革，一得易簡，二得全茶本味，三創生更多茶道技法，四更直接推動茶業產業巨大發展，功在千秋。

曲之末為星村，鬻茶者駢集交易於此。多有販他處所產，學其焙法，以贗充者，即武夷山下人亦不能辨也。

　　余嘗再遊武夷，信宿天遊觀中，每與靜參羽士夜談茶事。靜參謂茶名有四等，茶品亦有四等，今城中州府官廨及豪富人家競尚武夷茶，最著者曰花香，其由花香等而上者曰小種而已。山中則以小種為常品，其等而上者曰名種，此山以下所不可多得，即泉州、廈門人所講工夫茶，號稱名種者，實僅得小種也。又等而上之曰奇種，如雪梅、木瓜之類，即山中亦不可多得。大約茶樹與梅花相近者，即引得梅花之味，與木瓜相近者，即引得木瓜之味，他可類推。〔註2〕此亦必須山中之水，方能發其精英，閱時稍久，而其味亦即消退，三十六峰中，不過數峰有之。各寺觀所藏，每種不能滿一斤，用極小之錫瓶貯之，裝在名種大瓶中間，遇貴客名流到山，始出少許，鄭重瀹之。其用小瓶裝贈者，亦題奇種，實皆名種，雜以木瓜、梅花等物以助其香，非真奇種也。

　　至茶品之四等，一曰香，花香、小種之類皆有之。今之品茶者，以此為無上妙諦矣，不知等而上之，則曰清，香而不清，猶凡品也。再等而上之，則曰甘，清而不甘，則苦茗也。再等而上之，則曰活，甘而不活，亦不過好茶而已。活之一字，須從舌本辨之，微乎微矣，然亦必瀹以山中之水，方能悟此消息。

　　此等語，余屢為人述之，則皆聞所未聞者，且恐陸鴻漸茶經未曾夢及此矣。憶吾鄉林越亭先生《武夷雜詩》中有句云：「他時詫朋輩，真飲玉漿回。」非身到山中，鮮不以為欺人語也。

〔註2〕如此染性，正與人心一同。禪茶中可充分運用此原理，以熏染、淨治之理來修心証性。

64 陽羨茗壺系

〔明〕周高起

題解

　　本文錄於清代王晫、張潮編纂之《檀几叢書》二集第五帙・林目，底本為康熙三十六年（1697）刊本。《陽羨茗壺系》，被視為中國第一部宜興紫砂壺專論。周高起（1596～1645），字伯高，江蘇江陰人，邑諸生，工詩文，撰有《陽羨茗壺系》《讀書志》等作。被稱為明時茶學、佛學、紫砂領域的綜合性專業評論大家。歷代禪茶文化中，也講究大量運用紫砂茗壺，此文所談到的「金沙茗壺」本就是金沙寺僧創始。《陽羨茗壺系》除序言外，細分創始、正始、大家、名家、雅流、神品、別派，在梳理紫砂壺產生、發展、流派、神品的主線下展開對製壺名家、大家的品鑒。此作之末，又附錄數首「壺歌」，對數位紫砂壺製作者及其作品讚不絕口。當代禪茶品飲雖未必用紫砂，但紫砂壺向來就是禪茶品飲之神器。

序

　　壺於茶具，用處一耳，而瑞草名泉，性情攸寄，實仙子之洞天福地，梵王之香海蓮邦。審厥尚焉，非曰好事已也。故茶至明代，不覆碾屑和香藥製團餅，此已遠過古人。近百年中，壺黜銀錫及閩豫瓷，而尚宜興陶，又近人遠過前人處也。陶曷取諸？取諸其制，以本山土砂，能發真茶之色香味。不但杜工部云「傾金注玉驚人眼」〔註1〕，高流務以免俗也。至名手所作，一壺重

〔註1〕此句中「金」當為「銀」字，語出杜甫《少年行》：「莫笑田家老瓦盆，自從盛酒長兒孫。傾銀注瓦驚人眼，共醉終同臥竹根。」

不數兩，價重每一二十金，能使土與黃金爭價，世日趨華，抑足感矣！因考陶工陶土而為之繫。

創始第一

金沙寺僧，久而逸其名矣。聞之陶家云：僧閒靜有致，習與陶缸甕者處，摶其細土，加以澄練，捏築為胎，規而圓之，刳使中空，踵傅口、柄、蓋、的〔註2〕，附陶穴燒成，人遂傳用。

正始第二

供春，學憲吳頤山〔註3〕公青衣也。頤山讀書金沙寺中，供春於給役之暇，竊仿老僧心匠，亦淘細土摶胚。茶匙穴中，指掠內外，指螺文隱起可按。胎必累按，故腹半尚現節腠，視以辨真。今傳世者，栗色闇闇〔註4〕如古金鐵，敦龐周正，允稱神明垂則矣。世以其係龔姓，亦書為龔春。（人皆證為龔。予於吳冏卿家，見時大彬所仿，則刻供春二字，足折聚訟云。）

董翰，號後溪，始造菱花式，已殫工巧。

趙梁，多提梁式，亦有傳為名良者。

元錫，（元暢）。

時朋，即大彬父，是為四名家。萬曆間人，皆供春之後勁也。董文巧而三家多古拙。

李茂林，行四，名養心。製小圓式，妍在樸致中，允屬名玩。

自此以往，壺乃另作瓦缶，囊閉入陶穴，故前此名壺，不免沾缸壇油淚。

大家第三

時大彬，號少山。或淘土，或雜碙砂土，諸款具足，諸土色亦具足，不務妍媚而樸雅堅栗，妙不可思。初自仿供春得手，喜作大壺。後遊婁東，聞眉公與琅琊、太原諸公品茶施茶之論，乃作小壺。几案有一具，生人閒遠之思，前後諸名家並不能及，遂於陶人標大雅之遺，擅空群之目矣。

〔註2〕壺蓋柄手，亦稱「的手」。

〔註3〕吳頤山，即吳仕，明正德甲戌年間進士。

〔註4〕闇闇〔àn àn〕：稠密，堅實。

名家第四

李仲芳，行大，茂林子，及時大彬門，為高足第一。制度漸趨文巧，其父督以敦古。仲芳嘗手一壺，視其父曰：「老兄這個何如？」俗因呼其所作為「老兄壺」。後入金壇，卒以文巧相競。今世所傳大彬壺，亦有仲芳作之，大彬見賞而自署款識者，時人語曰「李大瓶，時大名」。

徐友泉，名士衡，故非陶人也。其父好大彬壺，延致家塾。一日，強大彬作泥牛為戲，不即從。友泉奪其壺土出門去，適見樹下眠牛將起，尚屈一足，注視捏塑，曲盡厥狀，攜以視大彬。一見驚歎曰：「如子智慧，異日必出吾上。」因學為壺，變化式土，仿古尊罍諸器，配合土色所宜，畢智窮工，移人心目。予嘗博考厥製，有漢方、扁觶、小雲雷、提梁卣、蕉葉、蓮方、菱花、鵝蛋、分襠、索耳、美人、垂蓮、大頂蓮、一回角、六子諸款。泥色有海棠紅、朱砂紫、定窯白、冷金黃、淡墨、沉香、水碧、榴皮、葵黃、閃色、梨皮諸名。種種變異，妙出心裁。然晚年恒自歎曰：「吾之精，終不及時之粗。」

雅流第五

歐正春，多規花卉果物，式度精妍。

邵文金，仿時大彬漢方，獨絕，今尚壽。

邵文銀。

蔣伯荂，名時英，四人並大彬弟子。蔣後客於吳，陳眉公為改其字之敷為荂，因附高流，諱言本業。然其所做，堅致不俗也。

陳用卿，與時同工，而年伎俱後。負力尚氣，嘗掛吏議在縲絏中。俗名陳三呆子。式尚工致，如蓮子、湯婆、缽盂、圓珠諸製，不規而圓，已極妍飾，款仿鍾太傅帖意，落墨拙，落刀工。

陳信卿，仿時、李諸傳器具，有優孟叔敖處，故非用卿族。品其所作，雖非美遜之，而堅瘦工整，雅自不群。貌寢意率，自誇洪飲，逐貴遊閒，不務壹志盡技，間多伺弟子造成，修削署款而已。所謂心計轉粗，不復唱渭城〔註5〕時也。

閔魯生，名賢，製仿諸名家，漸入佳境。人頗醇謹，見傳器則虛心企擬，不憚改。為技也，進乎道矣！

〔註 5〕《渭城曲》，由王維《送元二使安西》為底譜成。

陳光甫，仿供春、時大為入室。天奪其能，早眚〔註6〕一目。相視口的，不極端致，然經其手摹，亦具體而微矣。

神品第六

陳仲美，婺源人，初造瓷於景德鎮，以業之者多，不足成其名，棄之而來。好配壺土，意造諸玩，如香盒、花杯、狻猊爐、辟邪鎮紙，重鍰迭刻，細極鬼工。壺象花果，綴以草蟲，或龍戲海濤，伸爪出目。至塑大士像，莊嚴慈憫，神采欲生，瓔珞花鬘，不可思議。智兼龍眠道子，〔註7〕心思殫竭，以夭天年。

沈君用，名士良，踵仲美之智而妍巧悉敵。壺式上接歐正春一派，至尚象諸物，制為器用，不尚正方圓，而筍縫不苟絲髮。配土之妙，色象天錯，金石同堅，自幼知名，人呼之曰「沈多梳」（宜興垂髻之稱）。巧殫厥心，亦以甲申〔註8〕四月夭。

別派第七

諸人見汪大心《葉語附記》中。（汪大心，休寧人，字體茲，號古靈。）

邵蓋、周後溪、邵二孫，並萬曆間人。

陳俊卿，亦時大彬弟子。

周季山、陳和之、陳挺生、承雲從、沈君盛，善仿友泉、君用，並天啟崇禎間人。

沈子澈，崇禎時人，所製壺古雅渾樸。（嘗為人製菱花壺，銘之曰：石根泉，蒙頂葉，漱齒鮮，滌塵熱。）

陳辰，字共之。工鐫壺款，近人多假手焉，亦陶家之中書君也。

鐫壺款識，實時大彬初倩能書者落墨，用竹刀畫之，或以印記，後竟運刀成字，書法閒雅，在黃庭樂毅帖間，人不能仿，賞鑒家用以為別。次則李仲芳亦合書法。若李茂林、砵書號記而已。仲芳亦時代大彬刻款，手法自遜。

規仿名壺日臨，比於書畫家入門時。

陶肆謠曰：「壺家妙手稱三大。」謂時大彬、李大仲芳、徐大友泉也。予為轉一語曰：「明代良陶讓一時。」獨尊大彬，固自匪佞。

〔註6〕眚〔shěng〕：眼長白翳，昏花近盲。

〔註7〕龍眠，宋代畫家李公麟；道子，唐代畫聖吳道子。

〔註8〕此為明代崇禎末 1644 年。

　　相傳壺土初出時，先有異僧經行村落，日呼曰：「賣富貴土！」人群嗤之。僧曰：「貴不要買，買富何如？」因引村叟指山中產土之穴去。及發之，果備五色爛若披錦。

　　嫩泥，出趙莊山，以和一切色上乃黏可築，蓋陶壺之丞弼也。

　　石黃泥，出趙莊山，即「未觸風日之石骨」也。陶之乃變朱砂色。

　　天青泥，出蠡墅，陶之變黯肝色。

　　又其夾支，有梨皮泥，陶現梨凍色。

　　淡紅泥，陶現松花色。

　　淺黃泥，陶現豆碧色。

　　蜜口泥，陶現輕赭色。

　　梨皮和白沙，陶現淡墨色。

　　山靈膡絡，陶冶變化，尚露種種光怪云。

　　老泥，出團山，陶則白砂星星，按若珠琲，以天青、石黃和之，成淺深古色。

　　白泥，出大潮山，陶瓶盎缸缶用之。此山未經發用，載自吾鄉白石山。
（江陰秦望山之東北支峰）

　　出土諸山，其穴往往善徙。有素產於此，忽又他穴得之者，實山靈有以司之，然皆深入數十丈乃得。

　　造壺之家，各穴門外一方地，取色土篩搗，部署訖。弇窖其中，名曰養土。取用配合，各有心法，秘不相授。壺成幽之，以候極燥，乃以陶甕庋五六器，封閉不隙。始鮮欠裂射油之患，過火則老，老不美觀；欠火則稚，稚沙土氣。若窯有變相，匪夷所思，傾湯貯茶，雲霞綺閃，直是神之所為，億千或一見耳。

　　陶穴環蜀山，山原名獨，東坡先生乞居陽羨時，以似蜀中風景，改名此山也。祠祀先生於山椒，陶煙飛染，祠宇盡墨，按《爾雅・釋山》云：「獨者，蜀。」則先生之銳改厥名，不徒桑梓殷懷，抑亦考古自喜云爾。

　　壺供真茶，正在新泉活火，旋瀹旋啜，以盡色香味之蘊，故壺宜小不宜大，宜淺不宜深，壺蓋宜盎不宜砥，湯力茗香，俾得團結氳氳，宜傾渴即滌去厥淳滓，乃俗夫強作解事，謂時壺質地堅潔，注茶越宿，暑月不餿，不知越數刻而茶敗矣，安俟越宿哉！況真茶如蓴脂，採即宜羹，如筍味，觸風隨劣，悠悠之論，俗不可醫。

壺入用久，滌拭日加，自發暗然之光，入手可鑒。此為書房雅供。若膩滓爛斑，油光爍爍，是曰和尚光，最為賤相，每見好事家藏列，頗多名製，而愛護垢染，舒袖摩挲，惟恐拭去，曰「吾以寶其舊色爾」，不知西子蒙不潔，堪充下陳否耶？以注真茶，是藐姑射山之神人，安置煙瘴地面矣，豈不舛哉。

壺之土色，自供春而下，及時大初年，皆細土淡墨色，上有銀沙閃點，迨硇砂和製，穀縐周身，珠粒隱隱，更自奪目。

或問予以聲論茶，是有說乎？

予曰：「竹爐幽討，松火怒飛，蟹眼徐窺，鯨波乍起，耳根圓通，為不遠矣。然爐頭風雨聲，銅瓶易作，不免湯腥，砂銚亦嫌土氣。惟純錫為五金之母，以製茶銚，能益水德，沸亦聲清，白金尤妙，第非山林所辦爾。」

壺宿雜氣，滿貯沸湯，傾即沒冷水中，亦急出水寫之，元氣復矣。

品茶用甌，白瓷為良，所謂「素瓷傳靜夜，芳氣滿閒軒」也。製宜弇口邃腸，色澤浮浮而香味不散。

茶洗，式如扁壺，中加一盎鬲，而細竅其底，便過水漉沙。茶藏，以閉洗過茶者，仲美、君用，各有奇製，皆壺史之從事也。水杓湯銚，亦有製之盡美者，要以椰匏錫器，為用之恒。

附數家壺歌

周高起《過吳迪美、朱萼堂看壺歌兼吳貳公》

新夏新晴新綠煥，茶式初開花信亂。羈愁共語賴吳郎，曲巷通人每相喚。伊予真氣合奇懷，閒中今古資評斷。荊南土俗雅尚陶，茗壺奔走天下半。吳郎鑒器有淵心，會聽壺工能事判。源流裁別字字矜，收貯將同彝鼎玩。再三請出豁雙眸，今朝乃許花前看。高盤捧列朱萼堂，匣未開時先置贊。卷袖摩挲笑向人，次第標題陳几案。每壺署以古茶星，科使前賢參靜觀。指搖蓋作金石聲，款識稱堪法書按。某為壺祖某云孫，形制敦龐古光燦。長橋陶肆紛新奇，心眼欷歔多暗換。寂寞無言意共深，人知俗手真風散。始信黃金瓦價高，作者展也天工竄。技道曾何彼此分，空堂日晚滋三歎。

供春、大彬諸名壺，價高不易辦。予但別其真而旁搜殘缺於好事家，用自怡悅，詩以解嘲。

陽羨名壺集，周郎不棄瑕。尚陶延古意，排悶仰真茶。燕市曾酬駿，齊師亦載車。也知無用用，攜對欲殘花。

吳迪美曰：用涓人買駿骨，孫臏刖足事，以喻殘壺好。伯高乃真鑒家，風雅又不必言矣。

林茂之《陶寶肖像歌　為馮本卿金吾作》

昔賢製器巧含樸，規放尊壺從古博。我明龔春時大彬，量齊水火摶埴作。作者已往嗟濫觴，有循月令仲冬良。荊溪陶正司陶覆，泥沙貴重如珩璜。世間茶俱稱為首，玩賞揩摩在人手。粉錫型模莫與爭，素磁斟酌長相偶。義取炎涼無變更，能使茶湯氣永清。動則禁持慎捧執，久且色澤生光明。近聞復有友泉子，雅式精工仍繼美。嘗教春茗注山泉，不比瓶罌罄時恥。以茲珍賞向東吳，勝卻方平眾玉壺。癖好收藏阮光祿，割愛舉贈馮金吾。金吾得之喜絕倒，寫圖錫名曰陶寶。一時詠贊如勒銘，直似千年鼎彝好。

俞仲茅《贈馮本卿都護陶寶肖像歌》

何人霾向陶家側，千年化作土赭色。捄來搗治水火齊（去聲）。義興好手誇埏埴。春濤沸後春旗濡，彭亨豕腹正所須。吳兒寶若金服匿，夤緣先入步兵廚。於今東海小馮君，清賞風流天下聞。主人會意卻投贈，縢以長句縹緗文。陳君雅欲酣茗戰，得此摩挲日千遍。尺幅鵝溪綴剡藤，更教摩詰開生面（圖為王宏卿一時所寫）一時佳話傾璠璵，堪備他年斑管書。月筍（馮園名）即今書畫舫，硯山同伴玉蟾蜍。

65 茶具圖贊

〔宋〕審安老人

題解

　　清代陸廷燦《續茶經·十之圖》中附錄有《茶具十二圖》，只是未注明作者。為保持《續茶經》的原貌，故仍編錄在《續茶經》中。可參考本書第一編《辨識茶事》。此處《茶具圖贊》內容較陸廷燦所錄要更為豐富，而且是獨立成篇，故又單獨編錄。茶具圖、贊，均錄於全國圖書館文獻縮微複製中心《古代茶道秘本五十種》第一冊，見《國家圖書館古籍文獻叢刊》。此本目錄標明《茶具圖贊》為明代茅一相撰，然考其文本，茅一相僅是搜錄且撰序文，而非作者。作者當是審安老人，審安老人姓名無考。《鐵琴銅劍樓藏書目錄》中說：「茶具圖贊一卷，舊鈔本，不著撰人。目錄後一行題咸淳己巳五月夏至後五日審安老人書。」此圖贊最大的特點是將茶焙籠、茶槌、茶碾、茶磨、瓢杓、羅合、茶帚、盞托、茶盞、湯瓶、茶筅、茶巾十二種常用茶具分別給予擬人化的「茶場官職」，神形俱全。以現代禪茶理念解釋，可略知其用意如下：其一，說明茶通人性。其二，說明茶道的內容、意趣最終還是人的賦予。其三，其中也涉及忘機、隔竹居人、惟一、思隱寮長、子弗、掃雲溪友、如素、潔齋居士等禪味較濃的名稱與範疇。此作流傳之後，茶道品飲諸家多喜用相應「官名」稱呼諸茶具。總之，禪茶的重要功能之一，便是看清人心在禪茶中的流動、變化，以及茶性人性如何互通，故此圖贊之表述形態，於禪茶尤有借鑒意義。

茶具引第一

余性不能飲酒，閒與客對春苑之葩，泛秋湖之月，則客未嘗不飲，飲未嘗不醉，予顧而樂之。一染指，顏且酡矣，兩眸子懵懵然矣。而獨耽味於茗，清泉白石，可以濯五臟之污，可以澄心氣之哲。服之不已，覺兩腋習習清風自生，視客之沉醉酩酊，久而忘倦，庶幾可以相當之。

嗟呼！吾讀《醉香記》，未嘗不神遊焉，而間與陸鴻漸、蔡君謨上下其議論，則又爽然自釋矣。乃書此以博十二先生一鼓掌云。

庚辰秋七月既望，花溪里芝園主人茅一相撰並書〔註1〕。

十二先生名號第二

茶具十二先生姓名字號：

韋鴻臚（文鼎、景暘、四窗閒叟）

木待制（利濟、忘機、隔竹居人）

金法曹（研古、轢古、元鍇、仲鏗、雍之舊民、和琴先生）

石轉運（鑿齒、遄行、香屋隱君）

胡員外（惟一、宗許、貯月仙翁）

羅樞密（若藥、傳師、思隱寮長）

宗從事（子弗、不遺、掃雲溪友）

漆雕秘閣（承之、易持、古臺老人）

陶寶文（去越、自厚、兔園上客）

湯提點（發新、一鳴、溫谷遺老）

竺副帥（善調、希點、雪濤公子）

司職方（成式、如素、潔齋居士）

咸淳己巳五月夏至後五日，審安老人書。

〔註1〕蓋明茅一相所撰內容僅此「茶具引」。

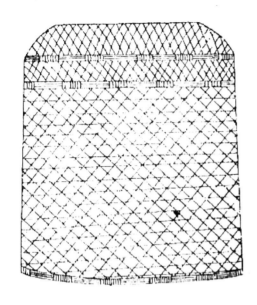

韋鴻臚

贊曰：祝融司夏，萬物焦爍，火炎昆崗，玉石俱焚，爾無與焉。乃若不使山谷之英墮於塗炭，子與有力矣。上卿之號，頗著微稱。〔註2〕

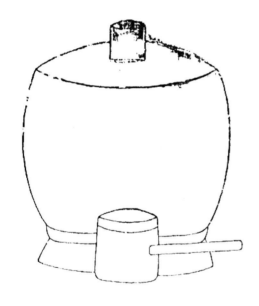

木待制

贊曰：上應列宿，萬民以濟，稟性剛直，摧折強梗，使隨方逐圓之徒，不能保其身，善則善矣，然非佐以法曹、資之樞密，亦莫能成厥功。〔註3〕

〔註2〕韋鴻臚，名文鼎，字景暘，號四窗閒叟。
　　　　此具姓「韋」，表明由堅韌的竹製成。「鴻臚」是掌握朝廷禮儀的贊導。而「臚」又是「爐」的諧音，隱喻「竹爐」之意。而「火鼎」和「景暘」，說明它是生火的茶爐；「四窗閒叟」是說這種茶爐開有四個窗，可用來通風。
〔註3〕木待制，名利濟，字忘機，號隔竹居人。
　　　　此具姓「木」，表明是木製的。「待制」是一種官職。

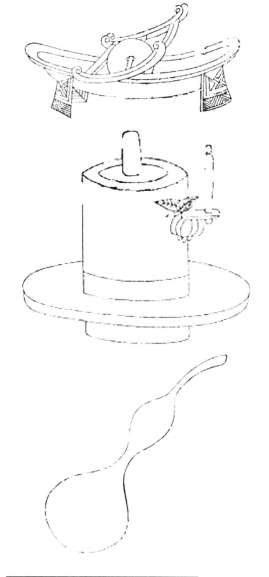

金法曹

贊曰：柔亦不茹，剛亦不吐，圓機運用，
一皆有法，使強梗者不得殊軌亂轍，豈
不韙歟。〔註4〕

石轉運

贊曰：抱堅質，懷直心，啖嚅英華，周
行不怠，幹摘山之利，操漕權之重，循
環自常，不捨正而適他，雖沒齒無怨言。
〔註5〕

胡員外

贊曰：周旋中規而不逾其閑，動靜有常
而性苦其卓，鬱結之患悉能破之，雖中
無所有而外能研究，其精微不足以望圓
機之士。〔註6〕

〔註4〕金法曹，名研古、轢古，字無鍇、仲鏗，號雍之舊民、和琴先生。
　　　此具姓「金」，應當用金屬製作。「法曹」為當地地方司法機關。
〔註5〕石轉運，名鑿齒，字遄行，號香屋隱居。
　　　此具姓「石」，表明是用石鑿成，而名、字、號十分形象地表明此具的形狀及
　　　運作功能。至於「轉運」，乃是官名。宋初曾設「轉運使」，負責一路或數路
　　　財賦，有監察地方官吏的職責，用來比喻茶磨的功能。
〔註6〕胡員外，名惟一，字宗許，號貯月仙翁。
　　　此具姓胡，與「葫」諧音，暗指是由葫蘆製作而成。員外為官名，統稱郎官；
　　　同時「員」與「圓」諧音，表示此具為圓形。

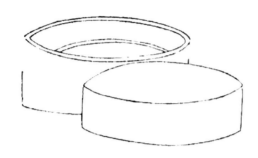

羅樞密

贊曰：幾事不密則害成，今高者抑之，下
者揚之，使精粗不致於混淆，人其難諸！
奈何矜細行而事喧嘩，惜之。〔註7〕

宗從事

贊曰：孔門高弟，當灑掃應對事之末者，
亦所不棄，又況能萃其既散、拾其已遺，
運寸毫而使邊塵不飛，功亦善哉。〔註8〕

〔註 7〕羅樞密，名若藥，字傅師，號思隱寮長。
　　　　此具姓「羅」，表明它是篩子，篩網用羅絹敷成。「樞密」為官名，掌握軍國
　　　　要政，說明茶羅至關重要，有分兵把守，道道把關之意。
〔註 8〕宗從事，名子弗，字不遺，號掃雲溪友。
　　　　此具姓「宗」，是「棕」的諧音，表明為棕絲製成。「從事」為官名，是州郡
　　　　長官僚屬，管一些瑣碎雜事。其名「子弗」，「弗」與「拂」諧音，喻其作用
　　　　是「拂」。號「掃雲」，即揮茶之意。如此不就將茶帚的形狀和用途說得一清
　　　　二楚了嗎！

漆雕秘閣

贊曰：危而不持，顛而不扶，則吾斯之未能信。以其弭執熱之患，無坳堂之覆，故宜輔以寶文，而親近君子。〔註9〕

陶寶文

贊曰：出河濱而無苦窳，經緯之象，剛柔之理，炳其繡中，虛己待物，不飾外貌，位高秘閣，宜無愧焉。〔註10〕

〔註 9〕漆雕密閣名承之，字易詩，名古臺老人。
　　　此具復姓「漆雕」，表明外形甚美，而「秘閣」本是藏書之地，宋時有直秘閣官職。再其名為「承之」，乃屬盛茶之茶盞；而字「易持」，暗指「茶托」，便於端持。至於號「古臺」，指的是外形。總起來說是用茶托承持茶盞，「而親近君子」之意。

〔註10〕此具姓「陶」，表明由陶瓷製作而成。「陶寶文」中的「文」通「紋」，表示此物通體有紋。其名「去越」，意思是並非「越窯」所生產；字「自厚」，指壁厚；號「兔園上客」，聯繫起來，就是指「建窯」所製的兔毫茶盞了。

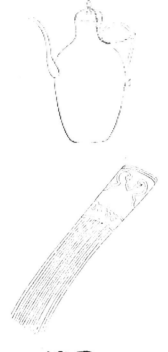

湯提點

贊曰：養浩然之氣，發沸騰之聲，以執中之能，輔成湯之德，斟酌賓主間，功邁仲叔圉。然未免外爍之憂，復有內熱之患，奈何！〔註11〕

竺副帥

贊曰：首陽餓夫，毅諫於兵沸之時，方金鼎揚湯，能探其沸者，幾稀！子之清節，獨以身試，非臨難不顧者疇見爾。〔註12〕

司職方

贊曰：互鄉之子，聖人猶且與其進，況瑞方質素，經緯有理，終身涅而不緇者，此孔子之所以潔也。〔註13〕

〔註11〕湯提點，名發新，字一鳴，號溫谷遺老。
　　　　此具姓「湯」，即熱水。「提點」為官名，有「提舉點檢」之意，聯繫起來，是說可用它提而點茶，實指此具是湯瓶。其名「發新」，表明可顯茶色。字「一鳴」，謂沸水之聲。
〔註12〕此具姓「竺」，表明是用竹製成，其功能是「善調」，用它可為「湯提點」服務，故字「希點」。「雪濤」者乃經點笔茶調製後的沫渤，可見此具為茶笔無疑。
〔註13〕此具姓「司」，與「絲」諧音，當為絲織物。「職方」是掌握地圖與四方的官名。此處是指用絲織的方形器物，即清潔茶具用的茶巾。字「如素」，號「潔齋」，其意也在於此。

附錄原後序

　　飲之用，必先茶，而茶不見於《禹貢》，蓋全民用而不為利，後世榷茶立為制，非古聖意也。

　　陸鴻漸著《茶經》，蔡君謨著《茶錄》，孟諫議寄盧玉川三百月團，後侈至龍鳳之餘，責當備於君謨。

　　製茶必有其具，錫具姓而繫名，寵以爵，加以號，季宋之彌文。然清逸高遠，上通王公，下逮林野，亦雅道也。贊法遷固，經世康國，斯焉攸寓，乃所願與十二先生周旋，嘗山泉極品以終身，此閒富貴也，天豈靳乎哉？

　　野航道人長洲朱存理題。

66 陽羨名陶錄

〔清〕吳騫

題解

　　此處所錄底本為清代許增《娛園叢刻》本，詳見《娛園叢刻十種》之第七種，清光緒十五年（1889）仁和許增輯刻。吳騫（1733～1813），字槎客，號揆禮，也作葵里，別號愚谷，又號兔床山人，清代海寧人，擅長詩畫，最喜金石、藏書，據傳其藏書共四五萬卷。《陽羨名陶錄》及之後《陽羨名陶續錄》便是他在藏書過程中輯錄且發揮創作的茶道名著。此書卷上細分原始、選材、本藝、家溯，重點介紹陽羨名陶的製作工藝、製作家。據錄，製壺之陶土即是異僧經行村落所賣「富貴土」；製壺之始祖是「金沙寺僧」；製壺大家供春，也是「竊仿老僧心匠」，從金沙寺中習得技藝。故而陽羨名陶被賦予了大量禪家基因。之後諸製作家，也頗有禪骨。卷下則為談叢、藝文。談叢者，談製陶、用陶、品茗；藝文者，輯錄關於陽羨名陶之文類。其所錄詩文中屢有「金沙泉畔金沙寺，白足禪僧去不還」「他日來尋丙舍帖，春風還啜趙州茶」等禪茶妙句。總言之，此作乃是研究陶器、茶道、禪茶的寶貴史料。

序

一、自序

　　上古器用陶匏，尚其質也。史稱「虞舜陶於河濱，器皆不苦窳」（苦讀如鹽）。苦窳者何？蓋髻墾薛暴之等也。然則苦窳之陶，宜為重瞳所弗顧已。厥後闕父作周陶正，武王賴其利器用也，以大姬妻其子而封之陳，《春秋》述之。三代以降，官失其職。象犀珠玉，金碧焜耀，而陶之道益微。

今復穴所在皆有，不過以為瓴瓿罌缶之須，其去苦窳者幾何？惟義興之陶，制度精而取法古，迄乎勝國。諸名流出，凡一壺一卣，幾與商周鼎並為賞鑒家所珍。斯尤善於復古者歟。予掲來荊南，雅慕諸人之名，欲訪求數器，破數十年之功而所得蓋寥寥焉。慮歲月滋久，並作者姓氏且弗章，擬綴輯所聞以傳好事。暨陽周伯高氏嘗著《茗壺系》述之，間多漏略，茲復稍加增潤，釐為二卷，曰《陽羨名陶錄》。超覽君子，更有以匡予不逮，實厚願焉！

乾隆丙午春仲月吉兔床吳騫書於桃溪墨陽樓。

二、周春題醉四絕

博物胸儲七錄豪，閒窗餘事付名陶。

開函紙墨生香處，篆入薰爐波律膏。

瓷壺小樣最宜茶，甘飲濃浮碧乳花。

三大一時傳舊系，長教管領小心芽。

間說陶形祀季疵，玉川風腋手煎時。

何當喚取松陵客，補賦荊南茶具詩。

陽羨新鐫地志訛，延陵詩老費搜羅。

他年採入圖經內，須識桃溪客語多。

松靄周春

卷上 源流名家 〔註1〕

一原始

相傳壺土所出，有異僧經行村落，曰呼曰：「賣富貴土！」人群嗤之，僧曰：「貴不欲買，買富何如？」因引村叟指山中產土之穴。及去發之，果備五色，燦若披錦。

陶穴，環蜀山，山原名「獨」。東坡先生乞居陽羨時，以似蜀中風景改名此山也。祠祀先生於山椒，陶煙飛染，祠宇畫墨，按《爾雅·釋山》云：「獨者，蜀。」則先生之銳改厥名，不徒桑梓殷懷，抑亦考古自喜云爾。

吳騫曰：明王升《宜興縣志》引陸希聲《頤山錄》云：「頤山，東連洞靈諸峰，屬於蜀山，蜀山之麓有東坡書院。」然則蜀山蓋頤山之支脈也，今東坡書院前有石坊，宋牧仲中丞題曰：「東坡先生買田處。」

〔註1〕卷上下的題名《源流名家》《談叢藝文》由編者加。

二選材

嫩黃泥出趙莊山，以和一切色土乃黏埴可採築，蓋陶壺之丞弼也。

石黃泥出趙莊山，即未觸風日之石骨也，陶之，乃變朱砂色。

天青泥出蠡墅，陶之，變黯肝色。又其夾支有梨皮泥，陶現凍梨；淡紅泥，陶現松花色；淺黃泥，陶現豆碧色；密口泥，陶現輕赭色；梨皮和白砂，陶現淡墨色。山靈腠胳，陶冶變化，尚露種種光怪云。

老泥出團山，陶之，則白砂星星，宛若珠琲。以天青石黃和之成淺深古色。

白泥出大潮山，陶瓶盎缸缶用之。此山未經發用，載自江陰白石山（即江陰泰望山東北支峰）。

吳騫曰：按大潮山一名南山，在宜興南，距丁、蜀二山甚近，故陶家取土便之。山有洞可容數十人，又張公、善權二洞，石乳下垂，五色陸離，陶家作釉，悉於是採之。

出土諸山，其穴往往善徙，有素產於此忽又他穴得之者，實山靈有以司之，然皆深入數十丈乃得。

三本藝

造壺之家，各穴門外一方地，取色土篩搗，部署訖，弇窖其中，名曰「養土」。取用配合各有心法，祕不相授。

壺成幽之，以候極燥，乃以陶甄（俗謂之缸掇）庋五六器，封閉不隙，始鮮欠裂、射油之患。過火則老，老不美觀；欠火則穉〔註2〕，穉沙土氣。

若窯有變相，匪夷所思，傾湯貯茶，雲霞綺閃，直是神之所為，億千或一見耳。

規仿名壺曰「臨」，比於書畫家入門時。

壺供真茶，正在新泉，活火旋瀹旋啜，以盡色聲香味之蘊。故壺宜小不宜大，宜淺不宜深；壺蓋宜盎不宜砥，湯力茗香俾得團結氳氤；宜傾竭即滌去淳滓。乃俗夫強作解事，謂時壺質地堅結，注茶越宿暑月不餿，不知越數刻而茶敗矣，安俟越宿哉？況真茶如尊脂，採即宜羹如筍味，觸風隨劣。悠悠之論，俗不可醫。

壺宿雜氣，滿貯沸湯，傾即沒冷水中。亦急出冷水寫之，元氣復矣。

〔註2〕「穉」同「稚」。

品茶用甌，白瓷為良，所謂「素瓷傳靜夜，芳氣滿閒軒」也。製宜弇口蓬腹，色澤浮浮而香味不散。

茶洗，式如扁壺，中加一項鬲，而細竅其底，便過水濾沙。茶藏，以閉洗過茶者。仲美君用各有奇，製皆壺使之從事也。水杓、湯銚亦有製之盡美者，要以椰匏、錫器為用之恒。

壺之土色，自供春而下及時大初年，皆細土，淡墨色，上有銀沙閃點。迨碯砂和製穀縐，周身珠粒隱隱，更自奪目。

壺入用久，滌拭日加，自發黯合然之光，入手可鑒。此為文房雅供。若膩滓爛斑，油光爍爍，是曰「和尚光」，最為賤相。每見好事家藏列頗多名製，而愛護垢染，舒袖摩娑，惟恐拭去，曰「吾以寶其舊色」。爾不知西子蒙不潔，堪充下陳否耶？以注真茶，是藐菇射山之神人，安置煙瘴地面矣，豈不舛哉？

周高起曰：「或問以聲論茶，是有說乎？」答曰：「竹爐幽討，松火怒飛。蟹眼徐窺，鯨波乍起。耳根圓通，為不遠矣。然爐頭風雨聲，銅瓶易作，不免湯腥；砂銚能益水德，沸亦聲清，白金尤妙，第非山林所辦爾！」

四家溯

金沙寺僧。久而逸其名矣。聞之陶家云：僧閒靜有致，習與陶缸甕者處，搏其細土加以澄練，捏築為胎，規而圓之，刳使中空，踵傅口柄蓋的，附陶穴燒成，人遂傳用。

吳騫曰：金沙寺在宜興縣東南四十里，唐相陸希聲之山房也。宋孫覿詩云：「說是鴻盤讀書處，試尋幽伴拄孤藤。」建炎間，岳武穆曾提兵過此，留題。

供春。學憲吳頤山家僮也，頤山讀書金沙寺中。春給使之暇，竊仿老僧心匠，亦淘細土搏坯，茶匙穴中，指掠內外，指螺文隱起可按，胎必累按，故腹半尚現節腠，視以辨真。今傳世者，栗色闇闇如古金鐵，敦龐周正，允稱神明垂則矣。世以其係龔姓，亦書為龔春。

周高起曰：供春，人皆證為龔春，予於吳冏卿家見大彬所仿，則刻「供春」二字，足折聚訟云。

吳騫曰：頤山名仕字克學，宜興人，正德甲戌進士，以提學副使擢四川參政。供春，實頤山家僮，而周系曰青衣，或以為婢，並誤。今不從之。

董翰。號後溪，始造菱花式，已殫工巧。

趙梁。多提梁式。(「梁」亦作「良」。)

元暢。（《茗壺系》作「元錫」、《秋園雜佩》作「袁錫」、《茗壺譜》作「元暢」。）

時朋。一作鵬，亦作朋，時大彬之父。與董、趙、元是為四名家，並萬曆間人，乃供春之後勁也。董文巧而三家多古拙。

李茂林。行四，名養心，製小圓式，妍在樸致中，允屬名玩。（按：春至茂林，《茗壺系》作正始。）

周高起曰：自此以往，壺乃另作瓦缶，囊閉入陶穴，故前此名壺，不免沾缸罈油淚。

時大彬。號少山，或陶土，或雜砂碙土，諸款具足，諸土色亦具足。不務妍媚，而樸雅堅栗妙不可思。初，自仿供春得手，喜作大壺。後遊婁東，聞陳眉公與琅琊太原諸公品茶試茶之論，乃作小壺，幾案有一具，生人閒遠之思，前後諸名家並不能及，遂於陶人標大雅之遺，擅空群之目矣。（按：大彬，《茗壺系》作大家。）

周高起曰：陶肆謠云「壺家妙手稱三大」，蓋謂時大彬、李大仲芳、徐大友泉也。予為轉一語曰「明代良陶讓一時」，獨尊少山，故自匪佞。

李仲芳。茂林子，及大彬之門，為高足第一。製漸趨文巧，其父督以敦古，芳賞手一壺，視其父曰：「老兄，者個何如？」俗因呼其所作為「老兄壺」，後入金壇，卒以文巧相競。今世所傳大彬壺，亦有仲芳作之、大彬見賞而自署款識者，時人語曰「李大瓶，時大名」。

徐友泉。名士衡，故非陶人也。其父好時大彬壺，延致家塾，一日強大彬作泥牛為戲，不即從。友泉奪其壺土出門而去，適見樹下眠牛將起，尚屈一足，注視捏塑，曲盡厥形狀，攜以視，大彬一見驚歎曰：「如子智慧，異日必出吾上！」

因學為壺，變化式土仿古，尊罍諸器配合土色所宜，畢智窮工，移人心目。厥製有漢方、扁觶、小雲雷、提梁卣、蕉葉、蓮芳、菱花、鵝蛋、分襠索耳、美人垂蓮、大頂蓮、一回角、六子諸款。泥色有海棠紅、朱砂紫、定窯白、冷金黃、淡墨、沉香、水碧、榴皮、葵黃、閃色、梨皮諸名。種種變異，妙出心裁。然晚年恒自歎曰：「吾之精，終不及時之粗！」友泉有子，亦工是技，人至今有大徐小徐之目，未詳其名。（按：仲芳、友泉二人，《茗壺系》作名家。）

歐正春。多規花卉、果物，式度精妍。

邵文金。仿時大漢方獨絕。

邵文銀。

蔣伯荂。

此四人，皆大彬弟子。蔣後客於吳，陳眉公為改其字之「數」為「荂」。因附高流，諱言本業，然其所作堅致不俗也。

陳用卿。與時英同工，而年技俱後。負力尚氣，嘗以事在縲紲中，俗名「陳三騃子」。式尚工致，如蓮子、湯婆、缽盂、圓珠諸製，不規而圓已極。妍飾款仿鍾太傅筆意，落墨拙，用刀工。

陳信卿。仿時、李諸傳器，具有優孟叔敖處，故非用卿族。品其所作，雖豐美遜之，而堅瘦工整、雅自不群。貌寢意率，自誇洪飲，逐貴遊間，不復壹志盡技。間多伺弟子造成修削署款而已，所謂「心計轉粗，不復唱渭城」時也。

閔魯生。名賢，規仿諸家，漸入佳境。人頗醇謹，見傳器則虛心企擬，不憚改為，技也進乎道矣。

陳光甫。仿供春、時大為入室。天奪其能，早眚一目，相覷口的，不極端致。然經其手摹，亦具體而微矣。（按：正春至光甫，《茗壺系》作雅流。）

陳仲美。婺源人也，初造瓷於景德鎮，以業之者多，不足成其名，棄之而來。好配壺土，意造諸玩，如香盒、花杯、狻猊爐、辟邪鎮紙，重鍰迭刻，細極鬼工。壺象花果，綴以草蟲；或龍戲海濤，伸爪齗目。至塑大士像，莊嚴慈憐，神采欲生，瓔珞花鬘，不可思議。智兼龍眠、道子，心思殫竭，以夭天年。

沈君用。名士良，踵仲美之智而妍巧悉敵。壺式，上接歐正春一派，至尚象諸物，製為器用，不尚正方圓，而笋縫不苟絲髮。配土之妙，色象天錯，金石同堅。自幼知名，人呼之曰「沈多梳（宜興垂髻之稱）」，巧殫厥心，亦以甲申四月夭。（按：仲美、君用，《茗壺系》作神品。）

邵蓋、周後溪、邵二孫。並萬曆間人。

吳騫曰：按周嘉胄《陽羨茗壺譜》，以董翰、趙梁、元暢、時朋、時大彬、李茂林、李仲芳、徐友泉、歐正春、邵文金、蔣伯荂，皆萬曆時人。

陳俊卿。亦時大彬弟子。

周季山、陳和之、陳挺生、承雲從、沈君盛。善仿友泉、君用。皆天啟、崇禎間人。

陳辰。字共之，工鐫壺款，近人多假手焉，亦陶之中書君也。

周高起曰：自邵蓋至陳辰，俱見汪大心《藥語・附記》中。大心，字體茲，號古靈，休寧人。鐫壺款識，即時大彬初倩能書者落墨，用竹刀畫之，或以印記，後竟運刀成字。書法閒雅，在黃庭、樂毅帖間，人不能仿，賞鑒家用以為別。次則李仲芳，亦合書法。若李茂林，朱畫號記而已。仲芳亦時代大彬刻款，手法自遜。（按：趙蓋至陳辰，《茗壺系》入別派。）

徐令音。未詳其字，見《宜興縣志》，豈即世所稱小徐者耶？

項不損。名真，橋李人，襄毅公之裔也，以諸生貢入國子監。

吳騫曰：不損，故非陶人也。嘗見吾友陳君仲魚藏茗壺一，底有「硯北齋」三字，旁署「項不損」款，此殆文人偶而寄興所在。然壺製樸而雅，字法晉唐，雖時、李諸家，何多讓焉！不損詩文深為李檀園、聞子將所賞，頗以門才自豪，人目為狂。後入修門，坐事死於獄。《靜志居詩話》載其題《閨人梳奩銘》云：「人之有發，旦旦思理，有身有心，奚不如是。」此銘雖出於前人，然不損亦非一于狂者。（或云「人之有發」云云，乃唐盧仝《鏡奩銘》。）

沈子澈。崇禎朝人。

吳騫曰：仁和魏叔子禹新為余購得菱花壺一，底有銘云云，後署「子澈為密先兄製」。又桐鄉金雲莊比部舊藏一壺，摹其式寄余，底有銘云「崇正癸未沈子澈製」。二壺款製極古雅渾樸，蓋子澈實明季一名手也。

陳子畦。仿徐最佳，為時所珍，或云即鳴遠父。

陳鳴遠。鳴遠，號鶴峰，亦號壺隱，詳見《宜興縣志》。

吳騫曰：鳴遠一技之能，間世特出。自百餘年來，諸家傳器日少，故其名尤噪，足跡所至，文人學士爭相延攬。常至海鹽，館張氏之涉園，桐鄉則汪柯庭家，海寧則陳氏、曹氏、馬氏，多有其手作，而與楊中允晚研交尤厚。予嘗得鳴遠天雞壺一，細砂作紫棠色，上鏐庚子山詩，為曹廉讓先生手書，製作精雅，真可與三代古器並列。竊謂就使與大彬諸子周旋，恐未甘退就邾莒之列耳。

徐次京、惠孟臣、葭軒、鄭寧侯。皆不詳何時人，並善摹仿古器，書法亦工。

張燕昌曰：王汋山長子翼之燕書齋，一壺底有八分書「雪庵珍賞」四字，又楷書「徐氏次京」四字在蓋之外口，啟蓋方見，筆法古雅，惟蓋之合口處不

若大彬之元妙也。余不及見供春手製，見大彬壺，歎觀止矣。宜周伯高有「明代良陶讓一時」之論耳。又余少年得一壺，底有真書「文杏館孟臣製」六字，筆法亦不俗，而製作遠不逮大彬，等之自檜以下可也。

吳騫曰：海寧安國寺每歲六月廿九日，香市最盛，俗稱「齊豐宿山」。於時百貨駢集，余得一壺，底有唐詩「雲入西津一片明」，句旁署「孟臣製」，十字皆行書。製渾樸，而筆法絕類褚河南。知孟臣亦大彬後一名手也。葭軒工作瓷章，詳《談叢》。又聞湖汶質庫中有一壺，款署「鄭寧侯製」，式極精雅，惜未寓目。

卷下 談叢藝文

五談叢

蜀山黃黑二土皆可陶，陶者穴火，負山而居，累累如兔窟。以黃土為胚，黑土輔之，作沽瓴、藥墟、釜鬲、盤盂、敦缶之屬，粥於四方，利最博。近復出一種似均州者，獲直稍高，故土價踴貴，畝逾三十千。高原峻阪，半鑿為陂，可種魚，山木皆童然矣。陶者，甬東人，非土著也。（王穉登《荊溪疏》）

往時龔春茶壺，近日時大彬所製，大為時人寶惜，蓋皆以粗砂製之，正取砂無土氣耳。（許次紓《茶疏》）

茶壺，陶器為上，錫次之。

茶壺以小為貴，每一客壺一把，任其自斟自飲方為得趣。何也？壺小則香不渙散，味不耽閣。（馮可賓《茶箋》）

茶壺，以砂者為上。蓋既不奪香，又無熟湯氣。供春最貴，第形不雅亦無差小者。時大彬所製又太小。若得受水半升而形制古潔者，取以注茶更為適用。其提梁臥瓜、雙桃扇面、八棱細花夾錫茶替、青花白地諸俗式者，俱不可用。（文震亨《長物志》）

宜興罐以龔春為上，時大彬次之，陳用卿又次之。錫注以黃元吉為上，歸懋德次之。夫砂罐，砂也；錫注，錫也；器方脫手，而一罐一注價五六金。則是砂與錫之價，其輕重正相等焉，豈非怪事？然一砂罐一錫注，直躋之商彝、周鼎之列而毫無慚色，則是其品地也。（張岱《夢憶》）

茗注，莫妙於砂，壺之精者，又莫過於陽羨，是人而知之矣。然寶之過情，使與金玉比值，毋乃仲尼不為已甚乎？置物，但取其適，何必幽渺其說，必至殫精竭慮而後止哉。凡製砂壺，其嘴務直，購者亦然，一曲使可憂，再曲

則稱棄物矣。蓋貯茶之物與貯酒不同：酒無渣滓一斟即出，其嘴之曲直可以不論；茶則有體之物也，星星之葉入水即成大片，斟瀉時纖毫入嘴，則塞而不流。囑茗快事，斟之不出，大覺悶人，直則保無是患矣。（李漁《雜說》）

時壺名遠甚，即遐陬絕域猶知之。其製始於供春壺，式古樸風雅，茗具中，得幽野之趣者。後則如陳壺、徐壺，皆不能彷彿大彬萬一矣。一云，供春之後四家董翰趙良袁錫（疑即元暢），其一即大彬父時鵬也，彬弟子李仲芳之芳父小圓壺、李四老官號養心，在大彬之上，為供春勁敵，今罕有見者。或淪鼠菌，或重雞彝，壺亦有幸不幸哉！（陳貞慧《秋園雜佩》）

宜興時大彬，製砂壺名手也。嘗挾其術以遊公卿之門，其子後補諸生。或為四書文以獻嘲，破題云：「時子之入學，以一貫得之。」蓋俗稱壺為罐也。（罐與貫諧）（《先進錄》）

均州窯器，凡豬肝色、火裏紅、青綠錯雜若垂涎皆上，三色之燒不足者，非別有此樣。此窯惟種菖蒲盆底佳，其他坐墩爐合方斛罐子俱黃砂泥坯，故器質不足。近年新燒皆宜興砂土為骨，釉水微似，製有佳者，但不耐用。（《博物要覽》）

宜興砂壺，創於吳氏之僕，曰供春，及久而有名，人稱龔春。其弟子所製更工，聲聞益廣，京口譚長益為之作傳。（《五石瓠》）

近日一技之長，如雕竹則濮仲謙，螺甸則薑千里，嘉興銅器則張鳴岐，宜興茶壺則時大彬，浮粱流霞盞則昊十九，皆知名海內。（王士正《池北偶談》）

供春製茶壺，款式不一，雖屬瓷器，海內珍之，用以盛茶不失原味，故名公巨卿高人墨士恒不惜重價購之。繼如時大彬益加精巧，價愈騰。若徐友泉、陳用卿、沈君用、徐令音，皆製壺之名手也。

陳遠工製壺、杯、瓶、盒，手法在徐沈之間，而所製款識書法，雅健勝於徐沈。故其年雖未老而特為表之。（徐喈鳳《宜興縣志》）

毘陵器用之屬，如筆箋扇箸梳枕及竹木器皿之類，皆與他郡無異，惟燈則武進有料絲燈，壺則宜興有茶壺。澄泥為之，始於供春，而時大彬、陳仲美、陳用卿、徐友泉輩，踵事增華，並製為花尊、菊合、香盤、十錦杯之等物，精美絕倫，四方皆爭購之。（於琨《重修常州府志》）

明時宜興有歐姓者，造瓷器曰歐窯，有仿哥窯紋片者，有仿官均窯色者，彩色甚多，皆花盆、奩架諸器者頗佳。（朱炎《陶說》）

供春壺式，茗具中逸品。其後復有四家：董翰、趙良、袁錫，其一則時鵬，大彬父也。大彬益擅長。其後有彭君寶、龔春、陳用卿、徐氏，壺皆不及大彬。彬弟子李仲芳，小圓壺製精絕，又在大彬之右，今不可得。近時宜興沙壺復加饒州之鎏，光彩射人，卻失本來面目。

陳其年詩云：「宜興作者稱供春，同時高手時大彬。碧山銀槎濮謙竹，世間一藝皆通神。」

高江村詩云：「規制古樸復細膩，輕便可入筠籠攜。山家雅供稱第一，清泉好淪三春荑。」昔杜茶村稱：澄江周伯高著茶茗二篇，淵源支派甚悉。（阮葵生《茶餘客話》）

臺灣郡人，茗皆自煮，必先以手嗅其香，最重供春小壺。供春者，吳頤山婢名，製宜興茶壺者，或作龔春者，誤。一具用之數十年，則值金一笏。（周射《臺陽百詠注》）

昔在松陵王汋山（楠）話雨樓出示宜興蔣伯荂手製壺，相傳項墨林所定，式呼為「天閣壺」。墨林以貴介公子不樂仕進，肆其力於法書名畫及一切文房雅玩。所見流傳器具無不精美，如張鳴岐之交梅手爐、閣望雲之香幾及小盆等製，皆有墨林字。則一名物之賴天籟以傳，莫非子京精意所萃也。

先府君性嗜茶，所購茶具皆極精，嘗得時大彬小壺，如菱花八角，側有款字。府君云：「壺製之妙，即一蓋可驗試。」隨手合上，舉之能吸起全壺。所見黃元吉、沈鷺雛錫壺亦如是，陳鳴遠便不能到此。既以贈一方外，事在小子未生以前，迄今五十餘年，猶珍藏無恙也。余以先人手澤所存，每欲繪圖勒石紀其事，未果也。

往梧桐鄉汪次遷（安）曾贈余陳鳴遠所製研屏一，高六寸弱、闊四寸一分強，一面臨米元章《垂虹亭》詩，一面「柯庭」雙鉤蘭，惜乎久作碎玉聲矣。柯庭，名文柏，次遷之曾大父，鳴遠曾主其家。

汪小海（淮）藏宜興瓷花尊一，若蓮子而平底，上作數孔，周束以銅，如提梁卣，質樸渾，氣尤靜雅。余每見必詢及，無款，不知為誰氏作，然非供春、少山後作者所能措手也。

余於禾中骨董肆得一瓷印：盤螭鈕，文曰「太平之世多長壽人」，白文，切玉法。側有款曰「葭軒製」。葭軒不知何許人，此必百年來精於刻印。昔時少山陳共之工鐫款字，特真書耳。若刻印則有篆法、刀法，摹印之學非有數十年功者不能到也。吳兔床著《陽羨名陶錄》，鑒別精審，遂以為贈，時丙夏日。

陳鳴遠手製茶具雅玩，余所見不下數十種。如梅根筆架之類，亦不免纖巧，然余獨賞其款字有晉唐風格。蓋鳴遠遊蹤所至，多主名公巨族，在吾鄉與楊晚研太史最契。嘗於吾師樊桐山房見一壺，款題「丁卯上元為端木先生製」書法似晚研，殆太史為之捉刀耳。又於王芍山家見一壺，底有銘曰「汲甘泉瀹芳茗，孔顏之樂在瓢飲」，此則鳴遠吐屬亦不俗，豈隱於壺者歟？

吾友沙上九（人龍）藏時大彬一壺，款題「甲辰秋八月時大彬手製」。近於王芍山季子齋頭見一壺，冷金紫，製樸而小，所謂「遊婁東見矣州諸公後作也」，底有楷書款云「時大彬製」，內有紋一線，殆未嘗陶鑄以前所裂，然不足為此壺病。

余少年得一壺，失其蓋，色紫而形扁，底有真書「友泉」二字，殆徐友泉也，筆法類大彬，雖小道，洵有師承矣。（張燕昌《陽羨陶說》）

客耕武原，見茗壺一於倪氏六十四研齋，底有銘曰「一杯清茗可沁詩脾，大彬」凡十字，其製樸而雅，砂質溫潤，色如豬肝，其蓋雖不能吸起全壺，然以手撥之則不能動，始知名下無虛士也。即手摹其圖，復繫以詩云。（陳鯨《松研齋隨筆》）

六文翰

記

周容《宜興瓷壺記》〔註2〕：今吳中較茶者 壺必言宜興瓷。云始萬曆間大朝山寺僧（當作金沙寺僧）傳供春。供春者，吳氏小史也。至時大彬，以寺僧始，止削竹如刃，剜山土為之。供春更斵木為模，時悟其法則又棄模，而所謂削竹如刃者，器類增至今日，不啻數十事。用木重首作椎，椎唯煉土，作掌，厚一薄一，分聽土力。土稺〔註3〕不耐指，用木作月阜，其背虛緣易運代土，左右是意興終始。用鑐〔註4〕，長視筆，闊視薤〔註5〕，次減者二，廉首齊尾。廉用割、用剗、用剔，齊用抑、用趁、用撫、用推。凡接文深淺，位置高下，齊廉並用，壺事此獨勤。用角，闊寸，長倍五，或圭或笏，俱前薄後勁，可以服我屈伸為輕重。用竹木如貝，竅其中，納柄，凡轉而藏暗者藉是。至於中豐

〔註2〕周容（1619～1679年），字鄮山，又作茂三、茂山，號躄堂；明末清初鄞縣（今浙江寧波）人。時人謂之「畫勝於文，詩勝於畫，書勝於詩」。著有《春涵堂集》。

〔註3〕稺〔zhì〕：同「稚」。

〔註4〕鑐〔xū〕：鑐鐵，熟鐵，鎖中簧片。此處蓋指熟鐵所製尖片狀撥壺器具。

〔註5〕薤〔xiè〕：多年生草本植物，鱗莖、嫩葉可食。

兩殺者，則有木如腎，補規萬所困。外用竹若釵之股，用石如硾，為荔核形，用金作蠍尾，意至器生，因窮得變，不能為名。土色五，膩密不招客土，招則火知之。時乃故入以砂，煉土克諧。審其燥濕展之，名曰土氈。割而登諸月，有序，先腹，兩端相見，廉用媒土，土濕曰媒。次面與足。足面先後，以製之豐約定。足約則先面，足豐則先足。初渾然虛含，為壺先天。次開頸，次冒，次耳，次嘴。嘴後著，戎也。體成，於是侵者薙〔註6〕之，驕者抑之，順者撫之，限者趁之，避者剔之，闇者推之，肥者割之，內外等。時後起數家，有徐友泉、李茂林，有沈君用。

甲午春〔註7〕，余寓陽羨，主人致工於園，見且悉。工曰：「僧草創，供春得華於土，發聲光尚已。時為人敦雅古穆，壺如之，波瀾安閒，令人喜敬。其下俱因瑕就瑜矣。今器用日煩，巧不目恥。」嗟乎！似亦感運升降焉！二旬，成壺凡十，聚就窯。予構文祝窯，文略曰：「器為水而成火，先明德功；繇土以立，木亦見材。」又曰：「氣必足夫陰陽，候乃持夫晝夜，欲全體以致用，庶含光以守時。」云云。是日，主人出時壺二，一提梁卣，一漢觶〔註8〕，俱不失工所言。（衛懶仙云：「良工雖巧，不能徒手而就，必先器具修而後制度精。瓷壺以大彬傳，幾使旅人攏指。」此則詳言本末，曲盡物情，文更峭健，可補《考工》之逸篇。）

銘

沈子澈《茗壺銘》：石根泉，蒙頂葉，漱齒鮮，滌塵熱。

朱彝尊《陶硯銘》：陶之始，渾渾爾。

汪森《茶壺銘》：茶山之英，含土之精。飲其德者，心恬神寧。酌中泠，汲蒙頂。誰其貯之，古彝鼎。資之汲古，得修綆。

贊

吳騫《陳遠天雞酒壺贊》：媧兮煉色，春也審畋。宛爾和風，弄是天雞。月明花開，左挈右提。浮生杯酒，函谷丸泥。

賦

吳梅鼎《陽羨茗壺賦並序》：六尊有壺，或方或圓，或大或小；方者腹圓，圓者腹方；鞏金琢玉，彌甚其侈。獨陽羨以陶為之，有虞之遺意也，然粗而

〔註6〕薙〔tì〕：除野草，或同「剃」。
〔註7〕清順治十一年，1654 年。
〔註8〕觶〔zhì〕：酒器，形似尊而小，或有蓋。

不精，與窳等系。余從祖拳石公讀書南山，攜一童子名供春，見土人以泥為缶，即澄其泥以為壺，極古秀可愛，世所稱供春壺是也。嗣是時子大彬師之，曲盡厥妙。數十年中，仲美、仲芳之倫，用卿、君用之屬，接踵騁伎，而友泉徐子集大成焉。一瓷罌耳，價埒金玉，不幾異乎？顧其壺為四方好事者收藏殆盡。先子以蕃公嗜之，所藏頗夥，乃以甲乙兵燹，盡歸瓦礫。精者不堅，良足歎也。有客過陽羨，詢壺之所自來，因溯源流，狀其體制，臚其名目，並使後之為之者考而師之。是為賦。

惟宏陶之肇造，實運巧於姚虞；爰前民以利用，能製器而無窳。在漢秦而為瓵，寶厥美曰康瓠。類瓦缶之太樸，肖鼎鼐以成甌。雜瓷瓶與瓴甄，同鍛鍊以無殊。然而藝匪匠心，制不師古，聊抱甕以團砂，欲挈瓶而埏土。形每儕乎敲器，用豈侔夫周籃。名山未鑿，陶瓴無五采之文；巧匠不生，鏤畫昧百工之譜。

爰有供春，侍我從祖，在齠齡而穎異，寓目成能，借小伎以娛閒，因心挈矩。過土人之陶穴，變瓦甒以為壺，信異僧而琢山，斫陰凝以求土。（時有異僧，繞白碭、青龍、黃龍諸山，指示土人曰：「賣富貴土。」人異之，鑿山得五色土，因以為壺。）於是，砠白碭，鑿黃龍，宛掘井兮千尋，攻岩有骨；若入淵兮百仞，採玉成峰。春風花浪之濱（地有畫溪花浪之勝），分畦菇濾；秋月玉潭之上（地近玉女潭），並杵椎舂。合以丹青之色，圖尊規矩之宗。停椅梓之槌，剪裁於成片；握文犀之刮，施剾掠以為容。稽三代以博古，考秦漢以程功。圓者如丸，體稍縱為龍蛋（壺名為龍蛋）；方兮若印，（壺名印方皆供春式）角偶刻以秦琮。（又有刻角印方）脫手則光能照面，出冶則資此凝銅。彼新奇兮萬變，師造化兮元功。

信陶壺之鼻祖，亦天下之良工，過此，則有大彬之典重（時大彬），價擬璆琳；仲美之琱鎪（陳仲美），巧窮毫髮。仲芳骨勝而秀出刀鐶（李仲芳），正春肉好而工疑刻畫（歐正春），求其美麗，爭稱君用離奇（沈君用）。尚彼渾成，僉曰用卿醇飭（陳用卿）。若夫綜古今而合度，極變化以從心，技而進乎道者，其友泉徐子乎？緬稽先子，與彼同時，爰開尊而設館，今較技以呈奇。每窮年而累月，期竭智以殫思。潤果符乎球璧，巧亦媲乎班倕。盈什百以韞櫝，時閱玩以遐思。

若夫燃彼竹爐，汲夫春潮，浥此茗碗，爛於瓊瑤。對煒煌而意駴，瞻詭麗以魂銷。方匪一名，圓不一相，文豈傳形，賦難為狀爾。其為制也，象雲罍

兮作鼎（壺名雲罍），陳蠵觶兮揚杯（蠵觶名）。仿漢室之瓶（漢瓶），則丹砂沁採。刻桑門之帽（僧帽），則蓮葉擎臺。卣號提梁（提梁卣），膩於雕漆。君名苦節（苦節君），蓋已霞堆。裁扇面之形（扇面方），觚稜峭厲。卷席方之角（蘆席方），宛轉瀠洄。誥寶臨函（誥寶），恍紫庭之寶現。圓珠在掌（圓珠），如合浦之珠回。

至於摹形象體，殫精畢異。韻敵美人（美人肩），格高西子（西施乳），腰洵約素，照青鏡之菱花（腰束菱花）。肩果削成，採金塘之蓮蒂（平肩蓮子）。菊入手而凝芳（合菊），荷無心而出水（荷花）。芝蘭之秀（芝蘭），秀色可餐。竹節之清（竹節），清貞莫比。銳欖核兮幽芳（橄欖六方），實瓜瓠兮渾麗（冬瓜麗）。或盈尺兮豐隆，或徑寸而平砥，或分蕉而蟬翼，或柄雲而索耳，或番象與鯊皮，或天雞與篆珥。（分蕉、蟬翼、柄雲、索耳、番象鼻、鯊魚皮、天雞、篆珥，皆壺款式。）匪先朝之法物，皆刀尺所不儗。

若夫泥色之變，乍陰乍陽，忽葡萄而紺紫，倏橘柚而蒼黃。搖嫩綠於新桐，曉滴琅玕之翠。積流黃於葵露，暗飄金粟之香。或黃白堆沙，結哀梨兮可啖。或青堅在骨，塗髹汁兮生光。彼瑰琦之窯變，匪一色之可名。如鐵如石，胡玉胡金。備五文於一器，具百美於三停。

遠而望之，黝若鍾鼎陳明廷。追而察之，燦若琬琰浮精英。豈隨珠之與趙璧，可以比異而稱珍者哉！乃有廣厥器類，出乎新裁。花蕊婀娜，雕作海棠之盒（沈君用海棠香盒）。翎毛璀璨，鏤為鸚鵡之杯（陳仲美製鸚鵡杯）。捧香奩而刻鳳（沈君用香奩），翻茶洗以傾葵（徐友福葵花茶洗）。瓶織回文之錦（陳六如仿古花尊），爐橫古幹之梅（沈君用梅花爐）。巵分十錦（陳六如十錦杯），菊合三臺（沈君用菊合）。凡皆用寫生之筆墨，工切琢於刀圭。倘季倫見之，必且珊瑚粉碎；使棠溪觀此，定教白玉塵灰。用濡毫而染翰，志所見而徘徊。

詩

熊飛《坐懷蘇亭，焚北鑄爐，以陳壺徐壺烹洞山岕片歌》：顯皇垂拱升平季，文盛兵銷遍恬喜。時朝士多韻人，競仿吳儂作清事。書齋蘊藉快沉燎，湯社精微重茶器。景陵銅鼎半百沽，荊溪瓦注十千餘。宣工衣缽有施叟，時大後勁撫陳徐。凝神昵古得古意，寧與秦漢官哥殊。餘生有癖嘗涎覬，竊恐尤物難兼圖。昔年挾策上公車，長安米價貴如珠。輟食典衣酬夙好，鑄得大小兩施爐。今年陽羨理蓓駕，懷蘇亭畔樂名壺。蘇公癖王予梓里，此地買田貽手書。焉知我癖非公癖，臭味豈必分賢愚？閒煮惠泉燒柏子，梧風習習引輕裾。吁嗟，洞山岕片不多得，任教茗戰難相剋。亭中長日三摩挲，猶如瓣香茶

話隨公側。〔註9〕

　　林右度（茂之）《陶寶肖象歌為馮本卿金吾作》：昔賢製器巧含樸，規仿尊壺從古博。我明供春時大彬，量齊水火摶埴作。作者已往嗟濫觴，不循月令仲冬良。荊溪陶正司正陶，覆泥砂貴重如珩。世間茶俱稱為首，玩賞楷模在人手。粉錫型模莫與爭，素瓷斟酌長相偶。義取炎涼無變更，能使茶湯氣永清。動則禁持慎捧執，久且色澤生光明。近聞復有友泉子，雅式精工仍繼美。常教春茗注山泉，不比瓶罍罄時恥。以茲珍賞向東吳，勝卻方平眾玉壺。癖好收藏阮光祿，割愛舉贈馮金吾。金吾得之喜絕倒，寫圖錫名曰陶寶。一時詠贊如勒銘，直似千年鼎彝好。

　　俞彥（仲茅）《贈馮本卿都護陶寶肖像歌》：何人霾向陶家側，千年化作土赭色。碣來擣冶水火齊，義興好手誇埏埴。春濤沸後春旗濡，彭亨豕腹正所須。吳兒寶若金服匿，夤緣先入步兵廚。於今東海小馮君，清賞風流天下聞。主人會意卻投贈，媵以長句縹緗文。陳君雅欲酣茗戰，得此摩挲日千遍。尺幅鵝溪綴剡藤，更教摩詰開生面。一時佳話傾璠璵，堪備他年班管書。月笥即今書畫舫，研山同伴玉蟾蜍。

　　周高起（伯高）《過吳迪美朱蕚堂看壺歌兼呈貳公》：新夏新晴新綠煥，茶室初開花信亂。羈愁共語賴吳郎，曲蘗通人每相喚。伊余真氣合寄裹，闇中今古資秤斷。荊南土俗雅尚陶，茗壺奔走天下半。吳郎鑑器有淵心，曾聽壺工能事判。源流裁別字字矜，收貯將同彝鼎玩。再三請出豁雙眸，今朝乃許花前看。高盤捧列朱蕚堂，匣未開時先置贊。卷袖摩挲笑向人，次第標題陳幾桉。每壺署以古茶星，科使前賢參靜觀。指搖蓋作金石聲，款識稱堪法書按。某為壺祖某雲礽，形制敦龐古光燦。長橋陶肆紛新奇，心眼欹歔多暗換。寂寞無言意共深，人知俗手真風散。始信黃金瓦價高，作者展也天工竄。技道曾何彼此分，空堂日晚滋三歎。

　　供春、大彬諸名壺價高不易辦，予但別其真，而旁蒐殘缺於好事家，用自怡悅，詩以解嘲：陽羨名壺集，周郎不棄瑕。尚陶延古意，排悶仰真茶。燕市曾酬駿，齋師亦載車。也知無用用，攜對欲殘花。〔註10〕

〔註9〕原注：顧智跋：偶檢殘編，得熊公「懷蘇亭」歌詞，想見往時風流暇逸，今亭既湮沒，故付梓於志，以志學宮。昔有此亭，亦見陽羨茗壺固甲天下也。橄按：「飛」又作「瀧」。四川人，崇禎中官宜興教諭。

〔註10〕原注：吳迪美曰：用涓人買駿骨、孫臏刖足事，以喻殘壺之好。伯高乃真賞鑑家，風雅又不必言矣。

　　陳維崧（其年）《贈高侍讀澹人以宜壺二器並繫以詩》：宜壺作者推龔春，同時高手時大彬。碧山銀槎濮謙竹，世間一藝俱通神。彬也沉鬱並老健，沙粗質古肌理勻。有如香盦乍脫蘇，其上刻畫蜙蝑蹲。又如北宋沒骨畫，幅幅硬作麻皮皴。百餘年來迭兵燹，萬寶告竭珠犀貧。皇天劫運有波及，此物亦復遭荊榛。清狂錄事偶棄得，一具尚值三千緡。後來佳者或間出，巉削怪巧徒紛綸。臙茶褐色好規制，軟媚詎入山齋珍。我家舊住國山下，穀雨已過芽茶新。一壺滿貯碧山岕，摩挲便覺勝飲醇。邇來都下鮮好事，碗嵌瑪瑙車渠銀。時壺市縱有人賣，往往贗物非其真。高家供奉最淡宕，羊腔詎屑膏吾唇。每年官焙打急遞，第一分賜書堂臣。頭綱八餅那足道，葵花玉銙寧等倫。定煩雅器瀹精茗，忍使茅屋埋佳人。家山此種不難致，卓犖只怕車轔轔。未經處仲口已缺，豈亦龍性愁難馴。昨撦敗籠謄二器，函走長鬚踰城闉。是其姿首僅中駟，敢冀拂拭充幕巾。家書已發定續致，曾見荔子衝埃塵。

　　高士奇（澹人）《宜壺歌答陳其年檢討》：荊南山下罨畫溪，溪光瀲灩澄沙泥。土人取沙作茶器，大彬名與龔春齊。規制古樸復細膩，輕便堪入筠籠攜。山家雅供第一稱，清泉好瀹三春荑。未經穀雨焙嫩綠，養花天氣黃鶯啼。旗槍初試瀉蟹眼，年年韻事宜幽棲。柴磁漠玉價高貴，商彝周鼎難考稽。長安人家尚奢靡，鏤鋄工巧矜象犀。詞曹官冷性淡泊，叨恩賜佳蓬池西。朝朝儤直趨殿陛，夜衝街鼓晨聽雞。日間幼子面不見，糟妻守分甘鹹虀。縱有小軒列圖史，那能退食閒品題。近向漁陽曆邊徼，春夏時屇八駿蹄，秋來獨坐北窗下，玉川興發思山溪。致割元龍乞佳器，遂煩持贈走小奚。兩壺圓方各異狀，隔城鄭重裹錦紕。長篇更題數百字，敘述歷落同遠齎。拂拭經時不釋手，童心愛玩仍孩提。湘簾夜卷銀漢直，竹床醉臥寒蟾低。紙窗木几本精粲，翻憎瑪瑙兼玻璃。瓦瓶插花香爇缶，小物自可同琰圭。龍井新茶虎跑水，惠泉廟岕爭鼓鼙。他年揚帆得恩請，我將攜之歸故畦。

　　查慎行（悔余）《以陳鳴遠舊製蓮蕊水盛、梅根筆格為借山和尚七十壽口占二絕》：梅根已老發孤芳，蓮蕊中含滴水香。合作案頭清供具，不歸田舍歸禪房。偶然小技亦成名，何物非從假合成。道是摶沙沙不散，與翻新句祝長生。

　　馬思贊（仲韓）《希文以時少山砂壺易吾方氏核桃墨》：漢武袖中核，去今三千年。其半為酒池，半化為墨船。磨休斲骨髓，流出成元鉛。曾落盆池中，數歲膏愈堅。質勝大還丹，舐者能昇天。贈我良友生，如與我周旋。豈敢計施報，報亦非戔戔。臂彼十五城，難易趙璧然。有明時山人，摶砂成方圓。彼視

祖李輩，意欲相後先。我謂韓齊王，差與噲等肩。青娥易贏馬，文枕換玉鞭。投贈古有之，何必論嬈妍。以多量取寡，差覺勝前賢。

汪文柏（季青）《陶器行贈陳鳴遠》：荊溪陶器古所無，問誰作者時與徐。〔註11〕泥沙入手經摶埴，光色便與尋常殊。後來多眾工，摹仿皆雷同。陳生一出發巧思，遠與二子相爭雄。茶具方圓新製作，石泉槐火鏖松風。我初不識生，阿髯尺素來相通。〔註12〕贈我雙卮頗殊狀，宛似紅梅嶺頭放。平生嗜酒兼好奇，以此飲之神益王。傾銀注玉徒紛紛，斷木豈意青黃文。廠盒宣爐留款識，香盒藥碗生氤氳。〔註13〕吁嗟乎，人間珠玉安足取，豈如陽羨溪頭一丸土。君不見，輪扁當年老斫輪。又不見，梓慶削鐻如有神。古來技巧能幾人，陳生陳生今絕倫。

胡天遊（雅戚）《蜀岡瓦暖硯歌》：蒼青截鐵堅不阿，球珞敲玉鏗而瑳。太一之船卻斤斧，帝鴻之紐掀穴窠。貝堂伏卵抱沂鄂，瓠肉削澤無瘢瘥。露清紺淺葉幽漉，日冷赭淡岡兜峉。琅琅一片抭歷落，仡仡四面平傾頗。瑩陳天智比珍穀，巧劗山骨殊礐砢。祝融相土刑德合，方軫員蓋經營多。炎烹爐化出摶造，域分宇立開婆娑。東有日山西有月，包之郊郭環之涯。水輪無風自然舉，氣母襲地歸於和。乾坤大腹吞樂浪，荊吳懸胃藏蠡郡。陂謠鴻隙兩黃鵠，敵樹角國雙元蝸。靜如辰樞執魁柄，動如牡鑰張機牙。線連羅浮走復折，氣通民兌無壅訛。嚴冬牛目畏積雪，終旬狸骨僵偃波。封翰苑氄失羧鹿，凍琫作甌衢刀戈。一丸未脫手旋磨，寸裂快逐紋生鱗。似同天池敗蟲霧，比困秦法遭斯苛。分明落紙困倚馬，絆拘行步偕屌騾。爾看利器喜入用，初如得寶良可歌。火山有軍寵圍燎，熱阪近我勝噓呵。涫湯初顧五熟釜，灌壘等撥千囊沙。劍門一道塞井絡，春候三月暄江沱。共工雖怒霸無所，溫洛自潤揚其華。東宮香膠銘絳客，湘妾紫鯉浮晴渦。沉沉鴉色暈餘宣，靄靄雨族披圓羅。咸池勃張浴黑帝，神黿研掣隨皇媧。山馳嶽走事俄頃，霆翻電薄醋滂沱。虹窗焰流玉抱肚，月髓水轉金蝦蟆。時時正見黝鏡底，北斗熛耀垂天河。蜀岡工良近莫過，搗泥濾水相抅接。為罌為皿為飲櫨，壺如嬰武杯如蠃。千窰萬埴列門戶，堆器不盡十馬駄。智搜技徹更復爾，誰與作者點則那。溫姿勁骨奪端歙，輕膚細理欺秒欏。馬肝或謗瓜削麵，鳳味兼狀鷺食荷。燔燒顏色

〔註11〕原注：時大彬徐友泉。
〔註12〕原注：謂陳君其年也。
〔註13〕原注：數物悉見工巧。

出美好，端正不待切輿磋。華元旛然抱坦拓，周顗空洞非婷嫛。早從仲將試點漆，峽檣懸溜駿注坡。我初見此貪不覺，眾中奇畜擬橐駝。詩篇送似因賺得，若彼取烏致以阤。溫泉火井佐沐邑，華陽黑水環梁嶓。豹裏乾煤吐柏礜，古玉笏笏徐研摩。青霜倒開漾海色，烏虯尾掉重雲拖。端州太守輕萬石，宮凌秦羽礧羞黿。比於中國豈無士，今者祇悅哀臺佗。時煩拭濯安且固，捧盈恒恐遭跌蹉。裝書未取押玟瑁，格筆遲斫珊瑚柯。畫螭蟠鳳圍一尺，錦官為汝城初蕣。啟之刀劍快出匣，止為熊虎嚴蟄窩。蕭行孔草雖懶擅，須記甲乙親吟哦。國風好色陳姣嬝，離騷荒忽追沅羅。凝鋪潭影滑幽璞，秋生龍尾涼侵霞。夜遙燈語風撼碧，縈者為虯簇者蛾。行斜次雜共縴蜿，手無停度劇弄梭。宏農客卿座上客，雄鳴籍掃麼輿麼。欲銘功德向四壁，顧此堅窠誰能劚。硯乎輿汝好相結，分等石友亦已加。闌干垂手鮮琢玉，棒侍未許宮釵娥。他年塗竄堯典字，伴我作籀書歸禾。

周澍（靜瀾）《臺陽百詠》：寒榕垂蔭日初晴，自瀉供春蟹眼生。疑是閉門風雨候，竹梢露重瓦溝鳴。

吳省欽（沖之）《論瓷絕句》：宜興妙手數龔春，後輩還推時大彬。一種粗砂無土氣，竹爐饞煞鬥茶人。

周梅圃送宜壺：春彬好手嗟難見，質古砂粗法尚傳。攜個竹爐蕭寺底，紅裏須淪惠山泉。

陳鱣（仲魚）《觀六十四研齋所藏時壺率成一絕》：陶家雖欲數供春，能事終推時大彬。安得攜來偕硯北，注將勺水活波臣。〔註14〕

馮念祖（爾修）《無錫買宜興茶具（二首）》：其一：陶出玲瓏碗，供春舊擅長。團園雙日月，刻畫五文章。直並摶砂妙，還誇肖物良。清閒供茗事，珍重比流黃。其二：敢云一器小，利用仰前賢。陶正由三古，茶經第二泉。卻聽魚眼沸，移就竹爐邊。妙製思良手，官哥應並傳。

吳騫（槎客）《陶山明府仿古製茗壺以詒好事（五首）》：其一：洞靈巖口庀精材，百遍臨橅倚釣臺。傳出河濱千古意，大家低首莫驚猜。其二：金沙泉畔金沙寺，白足禪僧去不還。此日蜀岡千萬穴，別傳薪火祀眉山。其三：百和丹砂百鍊陶，印床深鎖篆煙消。奇觚不數宣和譜，石鼎聯吟任尉繚。〔註15〕其四：翛翛琴鶴志清虛，金注何能瓦注如。玉鑒亭前人吏散，一甌春露一床

<hr>

〔註14〕原注：予嘗自號東海波臣。
〔註15〕原注：明府曾夢見「尉繚了事「四字，因以自號茗壺並署之。

書。其五：陶泓已拜竹鴻臚，玉女釵頭日未晡。多謝東坡老居士，如今調水要新符。〔註16〕

　　苕堂明經以尊甫瓜圃翁舊藏時少山茗壺見視，製作醇雅，形類僧帽，為賦詩而返之：蜀岡陶復蘇祠鄰，天生時大神通神。千奇萬狀信手出，巧奪坡詩百態新。清河視我千金寶，云有當年手澤好。想見礵砂百鍊精，傳衣夜半金沙老。一行銘字昆吾刻，歲紀丙申明萬曆。彈指流光二百秋，真人久化蓮曇錫。〔註17〕昨暫留之三歸亭，篋中常作笙磬聲。趿然起視了無睹，惟見竹爐湯沸海。月松風清乃知神物多，靈閃不獨君家雙寶劍。願今且作合浦歸，免使龍光斗牛占。噫嘻公子慎勿嗟，世間萬事猶搏沙。他日來尋丙舍帖，春風還啜趙州茶。

詩餘

　　陳維崧《滿庭芳（吾邑茶具俱出蜀山，暮春泊舟山下，賦此詞。）》：白甄生涯，紅泥作活，亂煙細嫋孤村。春山腳下，流水浴柴門。紫筍碧鱸時候，溪橋上，市販爭喧。推蓬望，高吟杜句，旭日散雞豚。　田園淳樸處，牽車粥畚，壘石支垣。看鷗彝撲滿，磊磊邱樊。而我偏憐茗器，溫而栗，濕翠難捫，掀髯笑，盈崖綠雪，茶事正堪論。

〔註16〕原注：東坡調水符事在鳳翔玉女洞，舊《宜興縣志》移於玉女潭，辨詳《桃溪客語》
〔註17〕原注：吳梅鼎《茗壺賦》云：刻桑門之帽，則蓮葉擎臺。

67 陽羨名陶續錄

〔清〕吳騫

題解

　　此錄底本為清代陳慶鏞手抄一卷本，即與《陽羨名陶錄》的合抄本。又以選錄於《藝文叢刊》的《飲流齋說瓷》（外一種），浙江人民美術出版社 2016 出版本為參校。《陽羨名陶續錄》乃為《陽羨名陶錄》的續作。共分為家溯、本藝、談叢、藝文四編，在體制上基本延續《陽羨名陶錄》，只是較之更短。所補錄者均是前錄中未及列出者。自從茶飲由點茶轉變為沖泡以後，茶道與壺的關係越來越緊密，茶者對壺的要求也越來越高，製作家的工藝則是越來越精良。經由上好器具，茶中雜味、雜質被隔離，茶湯、茶色也越來越純淨，茶香、茶味也得以充分綻放。這是舊時點茶法所不具備的。這一點頗似禪家修行，將雜纏在人性中的粗躁、染業用一定的程序分離出，淘洗淨，最終呈現以本性的自在、生命的從容。故而此處之輯錄，一為延續《陽羨名陶錄》的內容；二為取「陶」之「淘」意，淘洗本性，取「壺」之「伏」意，調伏其心；三為熟悉諸家名陶，以資禪茶之淨、雅、精、純。

一家溯

　　明時，江南常州府宜興縣歐姓者，造瓷器曰歐窯。有仿哥窯紋片者，有仿官、均窯色者，彩色甚多，皆花盤盆奩諸器，舊者頗佳。（朱炎《陶說》）

　　吳騫曰：歐窯，疑即歐正春，今丁、蜀二山，尚多規之者。器作淡綠色，如蘋婆果，然精巧遠不逮矣。

　　檇李文後山（鼎），工詩善畫，收藏名跡古器甚多。有宜瓷茗壺三具，皆

極精雅。其署款曰「壬戌秋日陳正明製」，曰「龍文」，曰「山中一杯水，可清天地心。亮彩。」三人名皆未見於前載，亦未詳何地人。(陳敬璋《寶霞齋錄》)

二本藝

香雪居，在十三房。所粥皆宜興土產砂壺。茶壺始於碧山，冶金呂愛、冶銀泉馭，茗膩非局以金銀，必破器染味。沙壺創於金砂寺僧，團紫砂泥作壺具，以指羅絞為標識。有吳學使者讀書寺中，侍童供春見之，遂習其技成名工，以無指羅紋為標識。宋尚書時彥裔孫名大彬，得供春之傳，毀甓以杵春之，使還為土，範為壺，燔以熠火，審候以出，雅自矜重。遇不愜意，碎之。至碎十留一，皆不愜意即一弗留。彬枝指，以柄上拇痕為標識。大彬之後則陳仲美、李仲芳、徐友泉、沈君用、陳用卿、蔣志雯諸人。友泉有雲罍、蟬韡、漢瓶、僧帽、提梁卣、苦節君、扇面、美人肩、西施乳、束腰菱花、平肩蓮子、合菊、荷花、竹節、橄欖六方、冬瓜麗〔註1〕、分蕉、蟬翼、柄雲、索耳、番象鼻、沙魚皮、天雞、篆耳諸式。仲美另製鸚鵡杯。吳天篆磁壺賦云「翎毛璀璨，鏤為嬰武之杯」謂此。後吳人趙璧，變彬之所為而易以錫，近時則歸復，所製錫壺為貴。(李斗《揚州畫舫錄》)

吳騫曰：長洲陸貫夫(紹曾)，博古士也。嘗為予言：大彬壺有分四旁、底、蓋為一壺者，合之注茶，滲屑無漏，名「六合一家壺」。離之，仍為六。其藝之神妙如是。然此壺予實未見，姑識於此，以廣異聞。

三談叢

前卷言一藝之工足以成名，而歎士人有不能及。偶觀《袁中郎集·時尚》一篇，與予說略同。並錄之云：

古來薄技小器皆可成名，鑄銅如王吉、姜娘子，琢琴如雷文、張越，磁器如哥窯、董窯，漆器如張成、楊茂、彭君寶。士大夫寶玩欣賞，與詩(書〔註2〕)畫並重當時。文人墨士名公巨卿不知湮沒多少，而諸匠之名顧得不朽。所謂五穀不熟，不如稊稗者也。近日小技著名者尤多，皆吳人，瓦壺如龔春、時大彬，價至二三千錢。銅爐稱胡四，扇面稱何得之，錫器稱趙良璧，好事家爭購之。然其器實精良非他工所及，其得名不虛也。(云云)

〔註1〕其餘諸本多為「段」，但據《陽羨茗壺系》，此處仍錄為「麗」。
〔註2〕他本有「疑作書」之注，或俟闕「書」一字。今補注之。

予又曾見《顧東江集》（云），〔註3〕宏正間舊京製扇骨最貴；李昭《七修類稿》稱，天順間，有楊塤妙於倭漆，其漂霞山水人物，神氣飛動，圖畫不如。嘗上疏明李賢袁彬者也。（王士正《居易錄》）

韓奕，字仙李，揚州人。買園湖上，名曰韓園。工詩，善鼓板，蓄砂壺，為徐氏客。（《揚州畫舫錄》）

閒得板橋道人小幀梅花一枝，傍列時壺一器，題云：「峒山秋片茶，烹以惠泉，貯砂壺中，色香乃勝。光福梅花盛開，折得一枝，歸啜數杯，便覺眼耳鼻舌身意直入清涼世界，非煙火人所能夢見也。」繫一絕云：「因尋陸羽幽棲處，傾倒山中煙雨春。幸有梅花同點綴，一枝和露帶清芬。」此幀詩畫，皆有清致，要不在元章〔註4〕、文長〔註5〕之亞。（魏鉽蜩《奇生隨筆》）

四藝文

銘

吳騫：張季勤藏石林中人茗壺，屬銘以鋄之匣。

渾渾者，陶之始；捨則藏，吾與爾。石林人傳季勤得，子孫寶之永無忒。

樂府

任安上（李唐）《少山壺》：洞山茶，少山壺，玉骨水膚。雖欲不傳，其可得乎？壺一把，千金價，我筆我墨空有神，誰來投我以一縑。（袁枚曰：可慨亦復可恨，然自古如斯，何見之晚也。）

詩

王叔承（承父）《荊溪雜曲》：蜀山山下火開窯，青竹生煙翠石銷。笑問山娃燒酒杓，沙環可得似椰瓢。〔註6〕

陳維崧《雙溪竹枝詞》：蜀山舊有東坡院，一帶居民淺瀨邊。白甀家家哀玉響，青窯處處畫溪煙。

汪士慎（近人）《葦村以時大彬所製梅花沙壺見贈，漫賦茲篇誌謝雅貺》：陽羨茶壺紫雲色，渾然製作梅花式。寒沙出冶百年餘，妙手時郎誰得如。感

〔註3〕似少一「云」字類。今補注。
〔註4〕元章：米芾米元章。
〔註5〕文長：徐渭徐文長。
〔註6〕原注：詩見《明詩綜》。

君持贈白頭客，知我平生清苦癖。清愛梅花苦愛茶，好逢花候貯靈芽。他年倘得南帆便，隨我名山佐茶宴。

陳夢星（伍懷）《味諫壺》：天門唐南軒館丈齋中，多砂壺，有形如橄欖者，或憎其拙，予獨謂拙乃近古，遂枉贈焉，名曰味諫。義興誇名手，巧製妙圓整。　茲壺獨臃腫，贅若木之癭。〔註7〕一瑳回餘甘，清味託山茗。

張廷濟（汝霖）《得時少山方壺於隱泉王氏，乃國初進士，幼扶先生舊物，率賦四律》：其一：添得蕭齋一茗壺，少山佳製果精殊。從來器樸原團土，且喜形方未破觚。生面別開宜入畫，〔註8〕詩腸借潤漫愁枯。金沙僧寂供春杳，此是荊南舊範模。其二：削竹鐫留廿字銘，居然楷法本黃庭。〔註9〕雲痕斷處筆三折，雪點披來砂幾星。便道千金輸瓦注，從教七椀補茶經。延陵著錄徵君說，好寄郵筒問大寧。〔註10〕其三：琅琊世族溯蟬聯，老物傳來二百年。過眼風燈增舊感，〔註11〕知心膠漆話新緣。〔註12〕未妨會飲過詩屋，〔註13〕大好重攜品隱泉。〔註14〕聞說休文曾有句，可能載筆賦新篇。〔註15〕其四：活火新泉逸興賒，年年愛鬥雨前茶。　從欽法物齋三代，〔註16〕便載都籃總一家。〔註17〕竹裏水清雲起液，祇園軒古雪飛花。〔註18〕與君到處堪煎啜，珍重寒窗伴歲華。

葛澄（見魯）《時大彬方壺，澂一家王氏，藏之百數十年矣。辛酉秋日，過隱泉訪安期表弟，出此淪茗並示沈竹岑詩，即席次韻》：隱泉故事話高人，況有名陶舊絕倫。酒渴肯辭甘草癖，詩清底買玉壺春。賓朋聚散空多感，書卷飄零此重珍。〔註19〕記取年年來一呷，未妨桑苧目茶神。

〔註7〕原注：呂甫公有木癭壺。
〔註8〕原注：兄子又超為繪圖。
〔註9〕原注：周高起曰：大彬歁 用竹刀書法 逼真《換鵝經》。
〔註10〕原注：海寧吳丈兔床，著《陽羨名陶錄》，海監家文漁兄撰《陽羨陶說》。二君皆博稽，此壺大寧堂歁必有考也。
〔註11〕原注：丁巳歲孟中觀攜是壺留余齋旬日，未久孟化去。
〔註12〕原注：王心耕為予作緣得此壺。
〔註13〕原注：西鄰蔦見曇闡溪陽詩屋，藏有陳用卿壺。
〔註14〕原注：隱泉在北市劉家浜，李元龍先生御舊居於此。
〔註15〕原注：妹壻沈竹岑文廣嘗賦此壺貽王君安期。
〔註16〕原注：張岱謂龔、時瓦罐，直躋商彝周鼎之列而無愧。予家藏三，彝鼎十數種，殿以此壺，彌增古澤。
〔註17〕原注：吾弟季勤藏石林中人壺，兄子又超藏陳崔崒壺。
〔註18〕原注：居東太平禪院舊有沸雪軒，詳舊《嘉興縣志》。
〔註19〕原注：王氏舊富藏書。

　　《叔未解元得時大彬方壺於隱泉王氏，賦四詩見示，即疊辛酉舊作韻。》：
移向牆東舊主人，竹田位置更超倫。瓦全果勝千金注，時好平分滿座春。石
乳石林真繼美，〔註20〕寶尊寶敦合同珍。〔註21〕從今聲價應逾重，試誦新詩
句有神。

　　徐熊飛（渭楊）《觀叔未時大彬壺》：少山方茗壺，其實強半升。名陶出天
秀，止水涵春冰。良工舉手見圭角，那能便學蘇摸棱。凜然若對端正士，性情
溫克神堅凝。風塵淪落復見此，真書廿字銘厥底。削竹絜刻妙入神，不信蘆
刀能刻髓。王濛故物藤篋封，歲久竟歸張長公。八磚精舍水雲靜，我來正值
梅花風。攜壺對客不釋手，形模大似提梁卣。春雷行空蜀岡破，亂點硇砂燦
星斗。幾經兵火完不缺，臨危應有神靈守。薄技真堪一代師，姓名獨冠陶人
首。吾聞美壺如美人，氣韻幽潔肌理勻。珍珠結網得西子，便應掃卻蛾眉顰。
又聞相壺如相馬，風骨權奇勢矜雅。孫揚一顧獲龍媒，十萬驪黃皆在下。多
君好古鑒別精，搜羅彝器陳縱橫。紙窗啜茗志金石，煙篁繞舍泉清泠。東南
風急片帆直，我今遙指防風國。他日重攜顧諸茶，提壺相對同煎吃。

　　張上林（又超）《叔未叔出示時壺命作圖並賦》：曾閱滄桑二百年，一時千
載姓名鐫。從今位置清儀閣，活火新泉話夙緣。〔註22〕

　　沈銘彝（竹岑）《時壺歌為叔未解元賦》：少山作器器不窳，罷書溪邊劚輕
土。後來作者十數輩，遜此形模更奇古。此壺本自琅琊藏，鬱林之石青浦裝。
情親童稚摩娑慣，賦詩共酌春茗香。藝林勝事洵非偶，一朝恰落茂先手。清
儀閣下橋李亭，羃羅茶煙浮竹牖。盧陵妙句清通神，〔註23〕細書深刻藏顏筋。
我今對之感舊雨，君方得以張新軍。商周吉金案頭列，殿以瓦注光磷彬。壺
兮壺兮為君賀，曲終正要雅欒佐。

　　周汝珍（東槇）《和叔未時壺原韻》：入室芝蘭臭味聯，松風竹火自年年。
尋盟研北虛前諾，得寶牆東憧昔賢。鬥處元知茗是玉，傾來不數酒如泉。　徐
陵〔註24〕沈約〔註25〕俱名士，寫徧張為主客篇。

〔註20〕原注：石乳、石林、叔未弟季勤所藏二壺銘。
〔註21〕原注：叔未藏商尊、周敦皆精品。
〔註22〕原注：吳兔床作隸題圖冊首曰「千載一時」。
〔註23〕原注：壺底鋟「黃金碾畔綠塵飛，碧玉甌中素濤起」二句，歐公詩也。
〔註24〕原注：雪盧孝廉。
〔註25〕原注：竹岑學博。

　　吳騫《叔未解元得時大彬漢方壺，詩來屬和》：春雷蜀山尖，飛棟煤煙綠。燭龍繞蜂穴，日夜鏖百穀。開荒藉罋曡，煉石補天角。中流抱千金，孰若一壺逐。繼美邦美孫，〔註26〕智燈遞相續。兩儀始胚胎，萬象供搏摛。視以火齋良，寧窐薛輿暴。名貴走公卿，價重垺金玉。商周寶尊彝，秦漢古厄盉。丹碧固焜耀，好尚殊華樸。迄今二百祀，瞥若鳥過目。遺器君有之，喜甚獲郢璞。折柬招朋儕，剖符規玉局。松風一以瀉，素濤翻雪瀑。怳疑大寧堂，移置八磚屋。幕形更流詠，籤冊裝金栗。顧謂牛馬走，名陶蓋補錄。嗟君負奇嗜，探索窮崖隩。求壺不求官，乾水甚干祿。三時我未饜，一甖君已足。〔註27〕譬如壺九華，氣可吞五嶽。何嘗為烏篷，其泛罨溪淥。廟前之廟後，遍聽茶娘曲。勇喚邵文金，渠師在吾握。〔註28〕

〔註26〕原注：李斗謂大時乃宋尚書時彥之裔。
〔註27〕原注：予藏大彬壺三，皆不刻銘。君雖一壺，底有歐公詩二句，為光勝。
〔註28〕原注：大彬漢方惟邵文金能仿之，見《茗壺系》。

第五編　僧家事茶

68 峨眉茶道宗法清律

〔唐〕昌福

題解

    《峨眉茶道宗法清律》為唐代峨眉山僧人昌福製，此處所錄為清代演有和尚 1866 年修訂本，乃據民間流傳抄本而錄。昌福（812～902），又名昌福院達，四川眉州人。830 年於眉山青龍寺從覺道禪師出家，深研佛門律法，且於 833 年寫成《臨宗律法規約》，另還有《參悟律》《性修經》等著作。837 年住峨眉山萬年寺主持律法事務，繼而修建峨眉華嚴寺。從其禪門貢獻來看，最大的功績是於 845 年提出「峨眉茶道」概念並撰寫《峨眉茶道宗法清律》一書。世人多以為以茶修禪、形成體系化禪茶是茶道傳入日本後的事，但考昌福禪師此書，早於中唐便建構了禪茶理論體系。關於茶，此書云：「木經土，經拾，經造，經水，經火，經具，謂之於茶。」關於禪茶，則直接說：「茶全禪性，禪全茶德。」而在人與茶、道之間的關係方面，又說：「人水合一，學人初道。人茶合一，學人能道。人壺合一，學人會道。人禪合一，學人修道。人人合一，學人悟道。天人合一，學人明道。謂之於道。」乃至其餘茶道茶法內容，所提及者也甚豐且精。總言之，昌福此作直接指向禪茶理論，足見中國並不是沒有相對體系化的禪茶及茶論，而是絕大部分人不瞭解罷了。而且，由於中華文化的整體構架太過龐大，禪茶在歷史長河中所受關注並不算多。但是，如果單獨著眼於禪茶，此書在禪茶史上簡直就是開創性的著述。峨眉茶道，只是中國禪茶的某一分支，細考則還有夾山禪茶、溈山禪茶、黃檗禪茶、靈隱禪茶、柏林禪茶等，但凡有禪寺禪人處，絕不缺少禪茶之味，其數量實在難以計數。如今，發掘、整理《峨眉茶道宗法清律》一類的禪茶理論書著，已完全可重新定位中國禪茶。

律言

律言一

露爭一曉，日薄歸去。只形春回，凡發心起。司源亂伐，靈有不生。眾能無道，天行邊辭。風招民害，度生之德。何故成休，謂之於世。

律言二

佛陀呻知，吟育雜眾。單語一木，悟送百家。分之耳翡，工之體正。生之鄙惡，心之瞻順。木經土，經拾，經造，經水，經火，經具，謂之於茶。

律言三

茶全禪性，禪全茶德。〔註1〕理究通才地人，學人得失均同。則無何，得上苑之風，落上東之水。取下儀之器，集下沉之禮。再無何，學蒼生而愛蒼天，習凡塵而助眾物。明無何，謂之於誠。

律言四

蒼生一元，佛典一葉。肉身一毛，年輪一周。詡身一禪，大隱一秋。智者一片，細髮一絲。塵埃一點，茶法一品。謂之於靜。〔註2〕

律言五

小規識大法，細節度全譜。博無水土間，問而修飾真。林中讀禪語，詩流夢童中。酒色情生腐，胸生一汗毛。順天得天道，行明路平直。謂之於和。

律言六

天地之道，天地之人。由傷而生，由生而亡。棍人淫歌，善人言茶。心道非生，折難非常。凡身草木，氣神韻道。門開淡淡，謂之於清。

律言七

人水合一，學人初道。人茶合一，學人能道。人壺合一，學人會道。人禪合一，學人修道。人人合一，學人悟道。天人合一，學人明道。謂之於道。〔註3〕

〔註1〕茶全面地體現了禪意、自性，禪深透地給予茶道、德層面的支撐。禪、茶在此層面相互彰顯，充分融合，最終合為一體。

〔註2〕此處不說「茶道」而說「茶法」，突出「茶」是法相，體現禪德之靜境。

〔註3〕所謂合一，在於主體人心的分別心消除，自性心呈現。「人為」則二，「道為」則一。以茶修禪者，不過是以此消泯自我，自然無內外、自他、有無等心念罷了。

律言八

愛山，道山道；愛水，悟水悟；山入世而近水，水入門而道山。青觀清而寧，高助低而遠。長非長，短非短，是道非道，是茶非茶。破則通，謂之於然。〔註4〕

律言九

泰如置之根，安靜布之心。行言流之忘，孤身貴今人。謂之於德。

律言十

修東明，修西暗，何為朝日何為年？習而重，道而萌，常多識，為以勉其苦。日能從一，月能從二，佛能從三，為以難其回。謂之於空。

分律

分律立法一

分者，選也。選之而擇，擇可析憂。遇憂停，風障平。事過事來，調思切亂。分難則先，分明則先，分無則先，分喜則先。不分不工，不分不心，不分不身，不分不立也。

分律立法二

初為水，晨練一草。次為茶，晨練一勞。三為壺，晨練一事。四為人，晨練一了。養修而復生，道可為，律可正。〔註5〕

分律立法三

問茶，通虛則悟，也道。　靜寂，清戒則還，也道。焚香，忘心則入，也道。鳴樂，凡塵則去，也道。滌壺，冥思則為，也道。〔註6〕

分律立法四

氣，生氣不生，則動。神，來神不解，則問。韻，承韻不著，則補。定，世定不平，則安。

〔註4〕立「茶相」，但不執著於「茶相」，如此才是「是茶非茶」「是道非道」，破相則通。禪茶相，應當成為鏡子，禪者茶者時時自照、自見。如此才是清掃心中雜染，回歸於本性之「然」。
〔註5〕以茶事為清心證道之日常程序。
〔註6〕強調契入的核心即此「通虛」「清戒」「忘心」，而非「茶相」。

分律立法五

茶爐煙，地氣濱，來去自然。分而性不移，傷味也。分而性多變，傷心也。分而性一，則可為之。天縱物歸，地縱物去，人縱物遠。故茶法，取於理，置於道，顧於行。〔註7〕山南心法，莫於動焉。盟必煩，分必靜，取其道而唯心性也。

分律立法六

天分三時，晨光唱，午光度，夕光悟。勞而得，閉而失。聞道茶中言，三才之內有明道，可法。三時之內現公道，可法。是為茶法要義也。〔註8〕

分律立法七

淨身之下，淨塵；淨心之下，淨淫。凡理之於謀，天理之於道。茶法中乾，嘩無一葉。別中無形，常益也。碗內現法，大益大德。眾口誦之。〔註9〕

分律立法八

眾交色旺，分交心旺，主交損和，客交益邦。樂授人，本無羞，強授人，根無主。天下一事，益交益得，惡往獨去。茶法之眾，和樂長生。〔註10〕

分律立法九

律立之規，樹道之理。聞香之際，憶前思後。眾物眾士，儒性佛陀。顧之非物一口，清人眾口。清諸，乃致順之。

分律立法十

智生於智，法式曰：智中大智還有智。智長於智，法式曰：智育成智再積智。智功於智，法式曰：智多養智放還智。智傳於智，法式曰：智慧哺智化眾智。

〔註7〕茶法，明瞭其道理，立於其道性，表達於茶事。
〔註8〕言下之意，禪茶不侷限於禪茶自身，而遍布於三才、三時，故應與一切時一起處用此茶心，同此茶心，才有活趣，禪茶才會得以綿延不絕。
〔註9〕茶法，須淨身、口、意，才可於一葉、一碗中見道性。
〔註10〕突出「茶之和」。

工律

工律立法一

工者，研也。研其形，洞其真，發其理，創其哲，布其道，為其參。形定意來，真觀具賞。理究源吾，哲民上晟。道生要錄，參傳世仰。

工律立法二

植種於山，吸吮於水。茶之於陽，搭之於春。承之於裳，溫之於壺。知行世事，服如條理。志大春收，理大秋還。山水一壺，乾坤一壺。坐臥端詳，惟是身心歸一也。〔註11〕

工律立法三

植種丘，泡復於池，茶之現烈，拓之於夏，擔之於手，睬之於碗。蒙動太間，山無法份。想小春荒，懷小秋儉。丘池三碗，百態三狀。行走謾語，惟是錯節〔註12〕也。

工律立法四

植種窪，濁足於渾。茶之照澤，持之於秋，扭之於口，暴之於缸。胡嘱敬歡，水無乳色。敬微夏苦，惘微冬輯。淡而尖羈，勞而非果。薄暮知禍，蕭於寡，惟是欺心也。〔註13〕

工律立法五

合天地而唯一，成佛者之靈光。靜手起葉，三五更聽。母食中指，並節與寸注指，展於冪。〔註14〕

工律立法六

駕爐三尺，竹炭首，木柴次，後草皮。生火明，聞火近，細雪水，山泉水。一壺五咕，中碗五啾，得線溫而入。門火停，昂時限，聞而品。〔註15〕

〔註11〕茶汲取天地四時之精氣，壺也融含山水乾坤之魂，其中自有禪茶之道。人需要做的，就是「坐臥端詳，身心歸一」，如此自然能通達禪茶之道。
〔註12〕錯節：脫軌，失序。行走謾語，因而錯節。如此即無法通合禪茶本性。
〔註13〕言下之意，茶之種植採造品飲，應合時、合序、合作息、合道德，否則必然執於名色，心行妄作，自欺欺人。
〔註14〕心中靜寂，指尖工夫。
〔註15〕爐、炭、水、壺、人，細品。

工律立法七

琉器仁，石器德，青器情，木器殘，陶器和。訪嘔間成，無枯則生。

工律立法八

先瞇羈人，再噶器。倉儲別光，瘦無碎雜。炕爐下，壺臺中，具器上，復以匹巾。

工律立法九

惟工時，明工理。工到山則意到水，工到水則意到身。泡壺山水，盡收一壺。是春非春，輕風一孔。千山萬秀，放收間，天地寬也。

工律立法十

艱工而長，厚工而睦。茶法之工，內練載年，十有九工。細睇物，愛吾物。工中大小，相安也。〔註16〕

心律

心律立法一

生者為生，死者殀死。身殀心死者，無茶。生傷心生者，無茶。徒之記生者，無茶。惟生死一毛，鄙生死其中者，茶伴而厚之。〔註17〕

心律立法二

舉財加義，其欺心足。惟財動心，其害心足。淫盜奸匪，蒙世一時，其恥心足。此茶法遠矣！遁無持，掛無寄，愛無限，誠無毒。此茶法近矣！〔註18〕

心律立法三

言之忠，行之正，樂載心，昌旺及也。小克小欺，茶曉道中人〔註19〕，壽無久遠也。

〔註16〕茶法之工，長久練，用心作。

〔註17〕心在生死求馳中煎熬者，無法體悟禪茶真義。一旦無懼、無執於生死，則茶回饋人以禪。

〔註18〕走入禪茶的關鍵：遁無持，掛無寄，愛無限，誠無毒。言下之意，心平行正，才是禪茶的要門。

〔註19〕茶事中最見人心。

心律立法四

止戈之人和，呈攻之人噎。君子置茶，利賀三秋。小人奸心，為後不仁。因果之內，必有禍殃。奪名奪利者，法送斷後。惟心無盜蠅，茶法自報。〔註20〕

心律立法五

學蒼天而愛蒼生，習凡塵而助眾物。習茶，大庸者不能，大學者則為之。習法，大惡者淫心取財，大善者慈悲助弱。此為天道之結也。〔註21〕

心律立法六

修及人物，厚人。修及草木，厚天。修及凡心，厚世。人有道，法有道。茶法，靜佛靜清也，還道乃人終。茶中品，人清靜，參禪悟，千古文。始終迴環，有始有終也。〔註22〕

心律立法七

茶之大章，莫如一脈。土若砣經，黑白通心。碗若石經，進出通心。琉若冰經，冷熱通心。杯若磬經，裏外通心。壺若金經，上下通心。水若柔經，強弱通心。火若炊經，衰榮通心。木若棧經，春秋通心。凡舉善暗欺者，心通氣垂。惟大道之恥，凡義善明愛者，心障氣通，惟大道之心。〔註23〕

心律立法八

因誠則明，因明則智。心者，灼之金也。取大巧，功大世，圓大德，舒大器，惟是宣人孺。哲人執茶歸，學人持茶來，聖人拈茶譜，道人揀茶噎，素人援茶昌，奸人拔茶財。是以茶法之至也。〔註24〕

心律立法九

早到春赤，枯骨苛虹。衣祿奇楔，淡然世炎。莫為蒼茫，生無上法，死無下災。心法之法，律立為本。昔往年輪，牧而天行。智品之頑，犬鳴峰間。度生追水，芳流佛典。

〔註20〕仍然在突出茶道應知和樂、無欺盜、無姦邪、無名利。
〔註21〕從茶道的角度來看禪茶的修習要求，由此自然會出現邪茶、真茶之分。說到底，一旦人介入茶事，茶便成為人心之化現。
〔註22〕茶法的核心：靜。這一「靜」字，實乃自性圓滿呈現意義上的「無染」「不動」。
〔註23〕茶道與天地五行、人體經絡對應互通，這也是茶可通天地，可療疾病的根本所在。
〔註24〕種種人持種種茶，一切在心，在德。

心律立法十

悟善真，道善真。山月有早茶，央林聽雨音。古法靜廟眾，煙臺飄光陰。焙香醉禪意，佛語入天堂。是惟峨眉茶之道法真境也。〔註25〕

〔註25〕峨眉茶道，最大的貢獻是形成修持之次第，日常之茶飲，參究之禪意。所謂
　　　　真趣，因人的心地而異，因人的投入程度而異。

69 禪苑煎點

〔宋〕宗賾

題解

　　《禪苑煎點》錄於宋代宗賾所集《禪苑清規》，見《卍續藏》第 63 冊。在百丈懷海《禪門規式》散佚後，宗賾所編《禪苑清規》一度成為禪門主要規約，地位極高。此清規共分十卷，內容涉及禪門修行、交往、職務、法事等多方面，而且具體要求非常詳細。茶乃其中重要內容，幾乎貫穿於寺廟生活修行的各個場景。有時是作為各種活動中的輔助物，有時則作為專門的參修之法、煎點之法。可以說《禪苑清規》每一卷中或多或少均有禪茶元素。由於《禪苑清規》篇幅較長，此處僅選擇其中較有代表性的禪林煎點之法加以編錄，名曰《禪苑茶規》。以明瞭禪茶其實已融入禪門日常生活，不但有專門的煎點品飲形式，更具有了處理事務、點綴生活、輔助清修等各種內涵。故而我們對禪茶的理解，不能僅僅侷限在飲茶禪修之上，而應更為廣泛地探視其養生功能、修行功能、藝術功能、生活功能等。由此才能讓參與禪茶的主體人盡可能地脫離某一具象、名實的侷限而展現內在自性，見之以心量的平等、無礙、寬廣。其實，一切茶規、禪修，乃為約束人心的妄作，以使心中空空，於溟濛之處，即時變化生機。從自性確證、顯現的角度來說，一切生活與存在都是自然而流動著的，起落自有其軌道、因緣，茶也不過就是其中一種自在流動的物相而已。如果人能鬆化、輕盈，溫溫而守住自心之內藏，自性也就如實綻放，茶也就是茶本身。這就是所謂的禪茶一味、人茶合一。一旦心念增重、起伏，那麼，見禪就執著於禪，見茶就執著於茶，見名色便執著於名色，便生起要以自己改變茶、建立禪茶的妄心。此刻，茶依然是茶，禪也依然

是禪，而人心已迷，已妄！如此還何來真實禪茶？禪茶本為修養身心、見明自性，但考其實況，古今借飲茶、談茶而迷失自性者何其多也！縱然美其名曰禪茶，禪在哪裏？茶又在哪裏？

赴茶湯

院門特為茶湯，禮數殷重，受請之人不宜慢易。既受請已，須知先赴某處，次赴某處，後赴某處。聞鼓版聲，及時先到。明記坐位照牌，免致倉遑錯亂。如赴堂頭茶湯，大眾集，侍者問訊請入，隨首座依位而立，住持人揖乃收袈裟，安詳就座。棄鞋不得參差，收足不得令椅子作聲，正身端坐不得背靠椅子。袈裟覆膝，坐具垂面前，儼然叉手朝揖主人。常以偏衫覆衣袖，及不得露腕。熱即叉手在外，寒即叉手在內，仍以右大指壓左衫袖，左第二指壓右衫袖。侍者問訊燒香，所以代住持人法事，常宜恭謹待之。安詳取盞橐，兩手當胸執之，不得放手近下，亦不得太高，若上下相看一樣齊等則為大妙。當須特為之人專看。主人顧揖然後揖上下間，吃茶不得吹茶，不得掉盞，不得呼呻作聲。取放盞橐不得敲磕，如先放盞者，盤後安之，以次挨排不得錯亂。右手請茶藥擎之，候行遍相揖罷方吃。不得張口擲入，亦不得咬令作聲。茶罷離位，安詳下足。問訊訖，隨大眾出。特為之人，須當略進前一兩步問訊主人，以表謝茶之禮。行須威儀庠序，不得急行大步及拖鞋踏地作聲。主人若送回，有問訊致恭而退，然後次第赴庫下及諸寮茶湯。如堂頭特為茶湯，受而不赴（如卒然病患，及大小便所逼，即託同赴人說與侍者）。禮當退位，如令出院，盡法無民，住持人亦不宜對眾作色嗔怒（寮中客位並諸處特為茶湯，並不得語笑）。

堂頭煎點

侍者夜參，或粥前稟覆堂頭：「來日或齋後合為某人特為煎點。」齋前提舉行者準備湯餅（換水燒湯）、盞橐、茶盤（打洗光潔）、香花、坐位、茶藥、照牌、煞茶。諸事已辦，子細請客，於所請客躬身問訊云：「堂頭齋後特為某人點茶，聞皷聲請赴。」問訊而退。禮須矜莊不得與人戲笑（或特為煎湯，亦於隔夜或齋前稟覆訖。齋後提舉行者準備盞橐煎點，並同前式。請辭云：「今晚放參後，堂頭特為某人煎湯。」）齋罷，侍者先上方丈照管香爐位。次如湯餅衰盞橐辦。行者齊布茶訖（香臺只安香爐香合，藥楪茶盞各安一處），報覆住持人。然後打茶皷（若茶未辦而先打皷，則眾人久坐生惱，若庫司打皷詣寮打版，並詳此意不宜太早）。眾客集，侍者揖

入（方可熱鼓）。首座已下次第進前依照位立（如見某人未到則令再請。貴免住持人動念，侍者亦不得倉遽）。候一時齋足請住持人出（如客有不到，侍者得住持人指揮方退椅子，如住持人不指揮則不得專擅移退。如客有不到或諸事不在前，住持人不宜對眾作色令客不安）。或住持人先出椅前立祇候大眾，侍者揖客而進。亦可賓主立定，侍者於筵外東南角立略近前問訊揖客坐（侍者請客燒香，大小問訊，並代住持人行禮受請者，並須逐一恭謹不宜慢易），良久燒香。燒香之法，於香臺東望住持人問訊，然後開合上香（兩手捧香合起，以右手拈合蓋安左手內，以右手捉香合蓋放香臺上，右手上香向特為人焚之，卻右手蓋香合。兩手捧安香臺上，並須款曲低細勿令敲磕或墜地）。更不問訊但整坐具，叉手行詣特為人前問訊（有處眾坐定，侍者先在住持人邊立，請坐具及請香以表殷重之禮。今香臺邊向住持人問訊乃表請香之禮意者也），轉身叉手依位立。次請先吃茶，次問訊勸茶，次燒香再請，次藥遍請吃藥，次又請先吃茶，次又問訊勸茶。茶罷略近前問訊收盞橐，次問訊離位（侍者預令行者祇候，眾客纔起便移轉當面椅子。特為人略近前一兩步問訊而退，以表謝茶之禮。住持人送客出，眾客回身同問訊而退。侍者實時指揮行者退椅子收坐物或扇子，折疊覆帕及香臺衣，收拾茶湯及好盞橐，交點洗元。然後侍者並供過行者吃茶罷方可隨意，免煩住持人尊重旨麾而已）。或本州島島島大守本路監司本縣知縣（並係大眾迎送，堂頭並據主位。如在縣下，住持即接知縣，自余不須）。侍者燒香訖，住持人起云：「欲獻鑊茶（或鑊湯）取某官指揮。」如其允許方可點茶。如蒙歡賞，住持人但云：「鑊茶聊以表專，不合輕觸。」諸官入院茶湯飲食並當一等迎待。若非借問佛法，不得特地祇對（檀越施主），或官客相看只一次燒香。侍者唯問訊住持而已。禮須一茶一湯。若住持人索喚別點茶湯，更不燒香（如檀越入寺亦一茶湯，不須燒香）。堂頭非泛請僧吃茶。臨時旋請，侍者仍令行者安排坐位香火茶藥訖仍請之。賓就坐，侍者正面問訊燒香（右手上香），退身普同問訊。如點好茶即不點湯也。如坐久索湯，侍者更不燒香也。或新到暫到，外寺僧相看，只一次燒香。普同問訊，並合一茶一湯（侍者初見官客並當肅揖，不須回避主人。平常僧俗於主人前不得相與祇揖問訊）。

僧堂內煎點

堂內煎點之法。堂頭庫司用牓，首座用狀，令行者以箱復託之。侍者或監院或首座呈特為人。禮請訖貼僧堂門頰（堂頭牓在上間，若知事首座在下間）。監院或首座於方丈禮請住持人。長版後眾僧集定，入堂燒香大展三拜巡堂請眾。齋後堂前鐘鳴就坐訖，行法事人先於前門南頰朝聖僧叉手側立徐問訊。

離本位於聖僧前當面問訊罷，次到爐前問訊。開香合左手上香罷，略退身問訊訖。次至後門特為處問訊，面南轉身卻到聖僧前當面問訊，面北轉身問訊住持人。以次巡堂至後門北頰版頭麵身問訊，至南頰版頭亦曲身問訊。如堂外依上下間問訊。卻入堂內聖僧前問訊，退身依舊位問訊叉手而立。茶遍澆湯卻來近前當面問訊，乃請先吃茶也。湯餅出，次巡堂勸茶。如第一飜，問訊巡堂俱不燒香而已。吃茶罷，特為人收盞，大眾落盞在床叉手而坐。依前燒香問訊特為人罷，卻來聖僧前大展三拜巡堂一匝，依位而立。行藥罷，近前當面問訊，仍請吃藥也。次乃行茶澆湯，又問訊請先吃茶。如煎湯餅出，依前問訊巡堂再勸茶，茶罷依位立。如侍者行法事，茶罷先問訊，一時收盞囊出。特為人先起於住持人前一展云：「此者特蒙和尚煎點，下情無任感激之至。」又一展敘寒暄云：「伏惟和尚尊體起居萬福。」乃觸禮三拜，送住持人出堂外。侍者於聖僧前上下間問訊訖，打下堂鐘。如庫司或首座煎點茶湯了，先收住持人盞，眾知事或首座於住持人前一展云：「此日麤茶（或云此日麤湯）伏蒙和尚慈悲降重，下情不任感激之至。」又一展敘寒暄云：「伏惟和尚尊體起居萬福。」乃觸禮三拜。第三拜時住持人更不答拜，但問訊大眾以表珍重之禮。作禮竟，送住持人出堂。行法事人再入堂內聖僧前上下間問訊，收盞罷再問訊，打鐘出堂外，首座亦出堂外與眾知事觸禮三拜。如首座特為書記，書記亦先出堂外與首座觸禮三拜而散。堂頭結夏茶牓（堂頭和尚今晨齋退就雲堂煎點，特為首座大眾聊表結製之儀，兼請諸知事光伴。今月日，侍者某人敬白）。堂頭解夏茶牓（首尾同前，但改云聊表解製之儀）。庫司結夏茶牓（庫司今晨齋退就雲堂點茶，特為首座大眾聊表結製之儀，伏望眾慈同垂光降。今月日，庫司比丘某甲敬白）。庫司解夏茶牓（首尾同前，但改云聊表解製之儀）。首座結夏狀（首座比丘某右某，啟取今晨齋後就雲堂點茶，特為書記大眾聊表結製之儀，仍請諸知事，伏望眾慈同垂光降。謹狀，月日，首座比丘某狀。封皮云：狀請書記大眾，首座比丘某甲謹封）。首座解夏狀（首尾同前，但改雲聊表解製之儀）。如堂頭特為新舊知事首座及知事首座點茶，牓狀如請知事頭首，篇中已明。

知事頭首點茶

知事諸頭首特為。茶版鳴，主人依位立，揖眾就坐。主人亦就坐，但垂足而已，良久揖請收足。須臾起身問訊離位燒香（右手上香），問訊特為人訖，歸本位。一邊普同問訊大眾（切不可主位椅子前問訊），然後就本位問訊而坐。澆

茶三兩椀，擎茶盞揖當面特為人（只揖參頭）及上下位，然後吃茶。茶罷（或收盞只收主人盞），起身問訊，離位燒香，歸位問訊同前。次藥遍請吃藥，次請先吃茶。茶罷收盞訖，問訊起送客至門首。如寮主特為寮眾，即請本寮首座為主自行法事。若特為新到並同知事之禮，非見任頭首不得請知事茶湯（恐妨公務及避嫌疑）。庫司諸頭首迎待新到之禮：早晨齋後茶，放參湯，並燒香一炷。如晚間不請吃湯，齋後茶了就座點吃。

入寮臘次煎點

煎點之法。燒香罷，從寮主為頭問訊，次從首座為頭問訊。問訊罷，澆茶遍巡寮勸茶。良久近前問訊云：「茶麤恕不換盞。」乃燒香再請，又巡寮問訊。次行藥，次行茶，次勸茶（兩次燒香問訊並未後謝茶，須依頭首次第。第二番勸茶但從便，簡省問訊一匝。第一番勸茶但就上下間問訊，普同亦可也）。次謝茶云（此日麤茶特蒙寮主首座大眾慈悲降重，觸禮三拜）。次巡寮一匝收盞，問訊起。如請吃茶，寮內眾僧坐定時。先燒香一炷云（來日恭請寮主首座大眾特為點茶，伏望慈悲降重）。觸禮三拜巡寮。問訊訖，然後當日點茶人行法事。

眾中特為煎點

早晨茶隔宿請，齋後茶早晨請，晚間湯齋後請。如請近上尊敬之人（如立僧首座，諸方宿德，法眷師伯師叔師兄之類），即大展三拜，如不容則觸禮三拜。如請以次尊敬之人（如同參同行戒臘道行尊高可仰，凡在己上者之類），只觸禮三拜。如平交或戒臘相等（或是法眷弟侄之類），但問訊請之。安排坐位香花照牌了當，至時門首迎客就坐，問訊云請收足。燒香問訊特為人罷，問訊云請免坐具。又夏熱即云請使扇，冬寒即云請覆頂。行茶澆湯約三五椀，即問訊云請先吃茶。湯餅出即於特為人處問訊勸茶，收盞罷（如不收盞，即云茶麤恕不換盞，如點湯不換盞，即云湯麤恕不換盞），再燒香問訊特為人。次行藥遍即問訊云請吃藥，次行茶澆湯請先吃茶並勸茶，同前。茶罷陳謝云：「此日點茶（或云此日煎湯）特為某人某人，茶麤，坐位不便，下情無任感激之至。」如近上尊敬之人即大展三拜，晚間放參前後詣寮禮謝。如已次尊敬及平交，陳謝云：「此日點茶（或云煎湯）特為某人某人。」兼不合起動某人相伴，觸禮兩拜，又云恐煩尊重晚間更不敢詣寮禮謝。又禮一拜，然後從相伴人一例問訊，良久問訊收盞。次問訊離位，即先出門首送客。

眾中特為尊長煎點

如特為本師及的親師伯師叔師兄之類。如本寮坐位不便及妨礙眾人,即借寮煎點(請禮在前已說),只特為一人。本寮主首在主位,特為人作席回正面,左手上香(近坐位前當面禮拜)。如兩人已上在照位,與寮主相對,左手上香(筵外禮拜)。言句威儀諸事並如持為堂頭煎點之法,但末後禮拜起近前問訊罷(不揖特為人,先起),卻於筵外觸禮三拜陳謝。相伴人次第問訊起,出門相送。至晚詣尊長寮禮謝及問訊陳謝,寮主如自有寮舍,特為人皆居正位燒香禮拜並悉當筵(若通方商量。既是借寮與人煎點,自合託故迴避,不可自居主位,令前人禮拜諸事不便)。

法眷及入室弟子特為堂頭煎點

早晨具威儀先見侍者云:「欲煩報覆和尚,齋後欲就方丈點茶特為堂頭和尚。」侍者報訖引見。堂頭問訊訖云:「請和尚坐」(如主人已據坐,更不須云請坐也)。先大展三拜,近前躬身云:「今晨齋退,欲就方丈點茶特為堂頭和尚。伏望慈悲俯賜開允。」住持人云:「謹依來命,不須作禮。或答拜不答拜,各逐尊卑。」又禮三拜,或只敘請意,大展三禮。或一展請訖,觸禮三拜。各逐尊卑,然後退身問訊出。計會侍者安排坐位並照牌,自請相伴人(須請大頭首近上法眷及前資勤舊相伴)。齋後先上堂頭,照管香火、茶藥、盞橐、湯餅。慮或失事,次第客集(不得打鼓集眾)。揖客就坐,人數俱足,然後入方丈迎請住持人就主位正坐。住持入已,收足,乃近前問訊。面西轉身,香臺東過筵外西南角問訊訖。叉手側立(此明客位,如堂頭煎點,侍者燒香即向筵外東南角立,以表主禮)。大眾坐定,徐徐問訊,離位香臺邊正立,向主人問訊。左手上香,蓋香合訖。不問訊,叉手轉身於香臺東邊過。向北住持人前問訊訖,轉身歸舊位問訊立。行茶遍,約澆湯三五椀,近前問訊(乃請先吃茶也)。退,身依位立。湯餅出(或為本師師翁煎點,即侍者澆湯親自下茶,以表專敬也),於住持人前問訊勸茶,依位立。茶罷收盞(若自下茶者,須是自收盞)。良人伺候盞橐辨,依前燒香,於住持人前大展三拜。近前躬身云:「欲延象駕再獻麤茶,伏望慈悲特賜開允。」又禮三拜或大展坐具。先敘請意同前,退禮三拜。住持人云:「已承勤量,何必再三。答一拜不答拜各逐尊卑。」候住持人收足乃問訊,轉身依位立。藥遍近前問訊(乃請吃藥),復退身依位立。行茶澆湯約三五椀(或自下茶),又復問訊(乃請先吃茶也)。湯餅出,復近前問訊勸茶,轉身依位立。候茶罷,先收住持人盞(或

自收盞）。住持入前大展三拜，躬身近前云：「此日氈茶，伏蒙和尚慈悲降重，下情無任感激之至。」住持人云：「重意烹茶，不勝感激，答拜不答拜各逐尊卑也。」又退身三拜，或大展坐具，躬身近前問訊。先敘謝辭同前，退身禮三拜。如住持人不答拜，煎點人禮竟又近前問訊罷，退身近西義手側立。住持人離坐，珍重大眾，入方丈（時大眾並更不起身）。煎點人隨後送入，問訊而退。如住持人答拜，煎點人第三拜未起時，住持人更不還拜。便合掌問訊大眾，以表珍重之禮（如僧堂內知事首座點茶，住持人亦同此禮）。煎點人更不退身，便送住持人歸方丈，問訊而退。卻依舊位而立，謝大眾云：「此日氈茶，特為堂頭和尚。伏蒙某人某人慈悲光伴，下情無任感激之至。」觸禮三拜，次第問訊，依舊位立。收盞罷，問訊起。送客只至筵外一兩步，以表客無送客之禮，卻於侍者寮陳謝侍者。

通眾煎點燒香法

堂中大座煎點，齋前入堂禮請，唯上香一炷。齋後點茶（或臨晚問湯），第一翻上香兩炷，第二翻上香一炷（堂頭庫下諸寮就本處特為並准此，唯無請禮）。非泛茶湯唯上香一炷。

謝茶

堂頭置食點茶特為罷，如係卑行之人，實時於住持人前大展三拜。如不容，即觸禮三拜。如平交已上，即晚間詣堂頭，陳謝詞云：「此日伏蒙管待，特為煎點，下情無任，不勝感激之至。」（古人云，謝茶不謝食也）拜禮臨時，知事頭首特為茶湯，並不須詣寮陳謝。如眾中平交特為煎點，須當放參前後詣寮謝之。

——宋代，宗賾集：《禪苑清規》卷五、六，《卍續藏》第 63 冊，第 535～537 頁。

70 百丈茶規

〔元〕德輝編

題解

　　《百丈茶規》乃從《敕修百丈清規》中析出，見《大正藏》第 48 冊。因為只錄其中之「茶」，故稱「茶規」。《敕修百丈清規》為元代百丈山住持德輝奉旨編制，而非唐代百丈懷海的《百丈清規》。百丈懷海所編清規，名為《禪門規式》，因百丈懷海之聲名，人們也常稱之為《百丈清規》。而德輝所修因名《敕修百丈清規》，也常被人略稱為《百丈清規》，造成二者相混。懷海《禪門規式》歷經唐宋以後已經模糊不存，僅各種文獻中散存少量轉述、描繪。到元朝至元四年（1338），僧德輝深感重編禪門律法的必要，於是對照當時可見的諸禪門律法，主要是宗賾《禪苑清規》、惟勉《叢林校定清規總要》、一咸《禪林備用清規》，且結合百丈山一脈的律法傳統，增刪編錄，又由大龍翔集寺住持釋大訢校正，總成《敕修百丈清規》，即今之面目。此清規在禪門極為重要，各種經藏中多有收錄，此處即依據《大正藏》而得。《敕修百丈清規》並非專門的禪茶專論，只是其中有大量禪門茶事，用以供佛奉祖，用以待客，用以輔助禪修，用以形成規制等，故而在禪茶史上非常重要。《敕修百丈清規》篇幅較長，約七萬言，其中每一章均含有禪茶內容。本打算將全文如數錄出，但因篇幅宏巨，而且還可能會導致其中禪茶內容難以凸顯，故而僅摘錄禪茶相關文字，編成「茶規」，而各章綱目，也以茶名之。當然，這些禪茶內容畢竟是整體《敕修百丈清規》中的構成元素，是為整體「清規」服務的，摘錄以後，難免零散，唯有在整體的清規體制中才能具體展現其特殊內涵和精神。所以，最為理想的運用方式是將此當做線索，閱讀、引用時又對照《敕修百

丈清規》全文。總體而言，禪茶是一定思想框架下的禪茶，《敕修百丈清規》所舉禪茶，側重於禪修、待客、供奉等方面的佛門律法，而非在於品飲暢談煎煮採造方面，當然也是禪茶之大系。茲錄，以便相對全面而深入地理解禪茶。

祝釐茶第一〔註1〕

聖節

粥後少停，待大殿排香燭、茶湯、鐃鈸、手爐俱辦，堂司行者報方丈。

鳴大鐘及僧堂前鐘，集眾列殿上，向佛排立。住持上茶湯，上首知事遞上。燒香侍者就佛座前。下茶湯畢，住持歸位立定。

至日，各務嚴肅，鳴大鐘上殿。當次僧員，須具威儀、香合，禮佛歸位看經。庫司嚴設香燭，備點心。維那燒香，點湯，照拂。至晚鳴大鐘，下殿。

報恩茶第二

國忌

至期，鳴僧堂鐘，集眾候住持至，上香上茶湯。

報本茶第三

佛降誕

次跌坐云：「四月八日，恭遇本師釋迦如來大和尚降誕令辰，率比丘眾，嚴備香花燈燭，茶果珍羞，以伸供養。住持遺教遠孫比丘某甲，陞於此座，舉唱宗乘，所集殊勳，上酬慈蔭，下與法界眾生同伸希有之慶。」

燒香侍者捧置於幾畢，復位三拜，再上香，下贖，點茶。又三拜，收坐具。

佛成道涅槃

次跌坐云：「臘月八日，恭遇本師釋迦如來大和尚成道之辰，率比丘眾，嚴備香花燈燭、茶果珍羞，以伸供養。」

次跌坐云：「二月十五日，恭遇本師釋迦如來大和尚入涅槃之辰，率比丘眾，嚴備香花燈燭、茶果珍饈，以伸供養。住持遺教遠孫比丘某甲，陞於此座，舉揚涅槃妙心，所集殊勳，上酬慈蔭，普願法界眾生同圓種智者。」

〔註1〕原名為《祝釐章第一》，但因僅錄其中茶內容，故名之為《祝釐茶第一》。後文各章也如是。

帝師涅槃

至日，法座上敬安牌位，如法鋪設。嚴備香花燈燭、茶果珍羞供養。維那請製疏僉疏（佛涅槃同）。隔宿，命堂司行者報眾，掛諷經牌。正日，鳴鐘集眾，向座雁立。候住持至，上香，上湯，上食，下贖，上茶。禮拜畢，拈香，有法語。

尊祖茶第四

達磨忌

參前，鳴僧堂鐘，集眾候住持至，鳴鼓獻特為湯。住持上香三拜，不收坐具。上湯，退身三拜。再進前問訊，揖湯。復位二拜，收坐具。

次日早，住持上香禮拜，上湯上粥，座下側坐陪食。粥罷，住持上香上茶。退就位三拜，仍進前燒香。下贖畢，三拜，收坐具。鳴鼓，講特為茶（如湯禮）。畢，住持拈香，有法語。

百丈忌

先期，堂司率眾財營供養。至日隔宿，如法鋪設法堂。座上掛真，嚴設中間祭筵，上下間几案供具。當晚諷經，正日散忌。特為茶湯，拈香宣疏。

開山歷代祖忌

開山忌及道行崇重，功被山門者。隔宿，鋪設法堂上，禮儀（百丈）或無疏，庫司備供養。若歷代忌不具疏，不獻特為茶湯。

嗣法師忌

次早，住持上粥。粥罷，大眾諷《大悲咒》。鄉人、法眷舉咒。半齋，散忌諷經，住持上食，講特為茶，拈香（達磨忌同）。兩序上香，大眾同拜（蓋上座下，皆曰參學故也。）齋時，住持入堂，燒香展拜歸位。衣缽侍者行贖（有就法堂諷經時俵贖，非禮也）。齋畢，就座點茶，燒香侍者行禮。若講特為伴真湯（齋罷，方丈客頭請西堂兩序，晚間對真相伴吃湯，排照牌位列座右。）

住持茶第五

住持日用

上堂：古之學者蓋為決疑，故有問答，初不滯於語言。近日號名禪客，多昧因果，增長惡習，以為戲劇，譁然喧笑，甚失觀瞻。況舉揚宗乘，端祝聖

壽，若有官客及名德，相過少致敍陳。而今時衲子，例責過褒敍謝，殊乖法式。如說山門事務，則方丈會茶議論，毋談雜事，使眾厭聽。

告香：普說竟，仍齊向法座立。參頭插香，同眾三拜。免則觸禮進云：「某等宿生慶幸，獲蒙和尚慈悲開示，下情不勝感激之至。」普同問訊而退，參頭領眾法堂下間，謝維那侍者、觸禮一拜。次大眾謝參頭，觸禮一拜。請客侍者預依戒次具茶狀，備卓袱筆硯。告香罷，列法堂下間請茶，各僉名，請首座光伴。齋退鳴鼓，眾歸位立，兩侍者行禮（與常特為茶同）。當晚，方丈請參頭、維那、侍者藥石。首座光伴。次早，請參頭茶。半齋，請參頭、維那、侍者點心。若大眾均預告香，則首座為參頭，其特為茶請西堂光伴。住持入院後，人事定，庫司備香，首座領眾，懇請為眾告香，然後開堂。

巡寮：古規住持巡寮，僧堂前掛巡寮牌報眾。各寮設位，備香茶湯。伺候住持至，鳴板集眾，於門外排立問訊。隨住持入寮，寮主燒香同眾問訊而坐。住持詢問老病，點檢寮舍缺之。

受法衣：專使送法衣至，先相看知客通意，同上侍司，煩通覆方丈。或即相接，或在來早。侍者預令客頭報請兩序至，專使插香如常禮相看。謝茶畢，再插香，兩展三禮，免則觸禮。詞云：「某人和尚法衣表信，專此奉上。」以柈袱託呈法衣信物，然後入座，兩序光伴。茶罷，獻湯。湯罷，兩序同送安下。

迎侍尊宿：尊宿相訪，須預掛接尊宿牌，鳴鐘集眾門迎。彼若尚簡，則潛入寺。住持必於寢堂，具香燭相接。仍令鳴僧堂鐘，客頭報首座，領眾插香問訊畢，眾退。兩序、勤舊就陪坐。燒香吃茶罷，侍者方插香禮拜，帶行侍者、行者、人僕、轎從參拜。方丈、執局及參頭領眾行者、人僕、轎番。以次參拜。侍者復燒香，點湯。湯罷，兩序、勤舊同送客位。

次早請湯，侍者燒香，行者問訊，僕從聲喏，住持相陪吃粥。粥罷，請茶。

施主請升座齋僧：施主到門，知容接見，引上方丈，獻茶湯，送安下處。

受嗣法人煎點：若法嗣到寺煎點，令帶行知事到庫司會計，營辦合用錢物送納。隔宿，先到侍司諮稟通覆。詣方丈，插香展拜，免則觸禮請云：「來晨就雲堂聊具菲供，伏望慈悲，特垂降重。」令客頭請兩序、單寮、諸寮，掛煎點牌。

至日，僧堂住持位嚴設敷陳，及卓袱、襯幣之具。火板鳴，大眾赴堂，煎點人隨住持入堂。揖坐，轉身聖僧前燒香。叉手，往住持前問訊，轉聖僧後出。住持引手揖煎點人坐，位居知客板頭。行者喝云：「請大眾下鉢。」行食

遍，煎點人起燒香，下覷。問訊住持，及行眾覷，廚司方鳴齋板，就行飯。飯訖，眾收缽，退住持桌。煎點人燒香，往住持前問訊。從聖僧後出，爐前問訊。鳴鐘，行茶遍，往住持前勸茶。復從聖僧後出，進住持前，展坐具云：「此日薄禮屑瀆，特辱附重，下情不勝感激之至。」二展寒溫，觸禮三拜，送住持出。煎點人復歸堂，燒香，上下間問訊，以謝光伴。復中問訊，鳴鐘收盞。次，詣方丈謝降重，住持隨到客位致謝。

若諸山煎點，候齋辦，請住持同赴堂。揖住持坐，住持當免禮，揖煎點人歸位。持行食遍，起燒香，往住持前問訊，下覷，俵眾人覷。燒火伴香，歸位伴食。茶禮講否，隨宜斟酌。

嗣法師遺書至：專使持書到寺，方丈開書，兩序先慰住持。法堂中間設祭，座前拈香，有法語。舉哀，三拜。上湯，復三拜。進食，下覷，鳴鼓，講特為禮，三拜。上茶，鳴鼓三下，退座，收坐具。

請新住持

發專使：凡十方寺院住持虛席，必聞於所司。伺公命下，庫司會兩序、勤舊茶，議發專使。修書（頭首、知事、勤舊、蒙堂、前資、僧眾），制疏（山門、諸山、江湖，）茶湯榜（專使署名）請書記為之。如缺書記，擇能文字者分為之，用絹素寫榜。所請專使，或上首知事，或勤舊，或西堂首座，或以次頭首充之。若非知事充專使，亦須以下知事一人同去，掌財議事。具須知一冊，該寫本寺應有田產物業，及迎接儀從。一切畢備，山門管待專使一行人從。至起程日，詣諸寮相別。鳴僧堂鐘，集眾門送。三門下釘掛帳設，向裏設位。講茶湯禮，請兩序、勤舊光伴。如上首知事去，則下首知事行禮。如頭首勤舊去，則上首知事行禮。揖坐，燒香，揖香歸位，相伴吃茶。再起燒香，揖香歸位，相伴吃湯。收盞，專使起謝上轎。

當代住持受請：住持接置几上，開書疏看過，侍者揖坐，（專使於住持對面坐，西堂權趨下一位，以讓遠客。）吃茶畢，同兩序送客位。堂司行者鳴僧堂鐘，大眾詣方丈作賀。

專使特為新命煎點：專使先與新命議定齋覷，輕重合宜。兩序、勤舊、鄉人、法眷、辦事貼覷，齋料等費，專使親送納庫司置辦。至日，專使詣方丈，插香拜請，初展云：「今辰午刻，就雲堂特為煎點，伏望慈悲降重，下情不勝單污之至。」再展云：「即日時令，謹時共惟新命堂頭大和當，尊候起居萬福。」觸禮三拜，住持答一拜。兩序、單寮係方丈客頭、同專使行者、一一

詣寮稟請。掛煎點牌報眾，於僧堂內鋪設主席，西堂板頭排專使位，茶湯榜張於堂外兩側。至齋時，專使僧堂前伺候。住持入堂，問訊，歸位揖坐。歸中問訊，揖眾坐。聖僧前燒香，次上下間，次堂外燒香，仍歸堂內。住持前上下間及外堂問訊，仍歸中問訊。行食遍，燒香，下住持覷。次行大眾覷，畢歸位伴齋。俟折水出，鳴鼓。專使再起燒香，行禮同前。行茶遍瓶出，如前問訊。收住持盞，專使行禮，初展云：「某聊備蔬飯，伏蒙慈悲降重，下情不勝感激之至。」二展，敘寒溫，觸禮三拜，送住持出。再歸堂燒香，大展三拜。巡堂一匝，並堂外。復歸內堂，中間問訊。收盞，鳴鼓三下，退座。專使隨上方丈致謝，次詣庫司謝辦齋。再詣方丈，請住持至晚藥石。至夜湯果，皆請兩序、勤舊光伴。

新命辭眾上堂茶湯：至起離日，專使詣諸寮別。新命上堂，致謝兩序勤舊大眾。下座，鳴鼓三下，向法座立，普與大眾觸禮三拜。從西廊出，鳴大鐘諸法器。大眾門送，行僕門外排立。山門首預釘掛帳設，中敷高座向內，首座向外攝居主位。西堂勤舊分手光伴，東西序兩邊朝坐。上首知事行禮揖坐，揖香歸位，點茶收盞。再起燒香，揖香，歸位，點湯。湯罷起謝上轎，兩序勤舊，備轎遠送。住持當力免之，鳴大鐘，住持轎遠方止。

西堂頭首受請：專使到寺先見知客，同到侍司引見方丈。插香展拜，相看茶罷，送客位。次詣諸寮人事畢，稟侍者同詣方丈，諮稟云（某寺今請某人住持）。住持報兩序勤舊，同往受請人寮中，敷陳疏帖書問。專使插香行禮，與請當代同。如不允，眾為勸請。受請後，住持請新命及兩序勤舊茶，送新命歸客位，次第受賀。巡寮人事晚請新命專使，特為湯藥石湯果，兩序光伴。

專使特為受請人煎點

專使詣親命前，議定方丈引座覷資眾覷，宣疏帖人及兩序勤舊，江湖鄉人法眷等貼覷。至日粥罷，專使懷香詣方丈，觸禮拜請云（今晨午刻就雲堂備蔬飯，特為新命和尚，伏望慈悲俯垂降重）。復詣新命前拜請，同前禮。方丈客頭同專使行者，請諸寮各掛煎點牌，於僧堂內住持對面設新命位。堂外知客板頭，設專使位，其茶湯榜張於堂外兩傍。至齋時覆新命，到僧堂前，俟住持同入堂問訊。專使隨入堂，先揖住持，歸位。次揖新命，歸位。燒香行禮並同前。下食行覷茶畢，先收新命盞。專使進前兩展三禮，送新命出後門，專使入住持前兩展三禮，送住持出前門。復歸堂炷香，大展三拜，巡堂一匝，並外堂歸中問訊。收盞鳴鼓三下，退座。當晚湯果藥石，光伴同前。

受請人辭眾升座茶湯

受請人令侍者同專使，預詣方丈稟借法座。上堂辭眾，座不敷設。左設住持位，鳴鼓集眾。住持出歸位，受請人徑往住持前問訊。次與大眾和南升座，舉揚畢，下座。先辭住持，觸禮三拜，次向法座立。辭眾，普同觸禮三拜。門首向裏中設特位講茶湯，兩序勤舊光伴。上首知事行禮與當代同，鳴大鐘送。以次西堂頭首，則無辭眾上堂。臨行先同專使上方丈，插香觸禮三拜稟辭。次巡寮辭別，山門首茶湯禮同前。

入院

開堂祝壽：古之開堂朝命下，或差官敦請，或部使者或郡縣遣幣禮，請就某寺。或本寺官給錢料，設齋開堂。各官自有請疏，及茶湯等榜。

山門特為新命茶湯：茶湯榜預張僧堂前上下間，庫司仍具請狀（式見後）。備椸袱、爐燭，詣方丈插香拜請。免則觸禮稟云：「齋退，就雲堂點茶特為，伏望慈悲降重。」稟訖，呈狀。隨令客頭請兩序、勤舊、大眾光伴，掛點（茶湯）牌報眾。僧堂內鋪設住持位（近時，有齋時聞長板鳴知事入堂，炷香展拜，巡堂一匝請茶。然特為住持陳賀，《古規》亦無巡堂請大眾之禮，免之為當。）齋退，鳴鼓集眾，知事揖住持入堂，歸位揖坐。燒香一炷，住持前揖香，從聖僧後轉歸中問訊立。行茶遍瓶出，往住持前揖茶，退身。聖僧後右出，炷香，展三拜。起引全班至住持前，兩展三禮，送出。復歸堂燒香，上下間問訊。收盞，退座。湯與茶禮同，但無送住持出堂。湯罷，就座藥石。

狀式〔註2〕：當寺庫司比丘　某，　右某啟，取今晨齋退

　　　　晚刻，就雲堂點茶湯，用伸陳賀之儀。伏望

　　　　尊慈，特垂　降重。

　　　　年　月　日具　位狀

　　　　可漏子：同齋狀式。

為建寺檀越升座：知事須隔宿覆住持。次早，侍者令客頭掛上堂牌報眾，庫司差人嚴設祠堂。供養粥罷，特為上堂，陳白事意畢，說法。下座，集眾詣祠堂，炷香，點茶湯上供，維那舉經迴向。

〔註2〕「狀式」即狀文抄寫、表達的式樣，模板，空白之處乃為填入具體的人、物、事情、時間等而預留。內容固定不變，但其排版只是大概，每一行的字數根據紙張空間等而定。此處字句排版按照原文摘錄，上下行的字數，有的屬同一句話也給予斷開。以見當時紙張、狀式、字體等概略。

留請兩序：住持帶侍者詣庫司諸寮勉留。客額先報，迎住持入，分手坐。侍者燒香點湯，盡禮勸留。若職過滿，亦須寬耐，候住持稍暇，再稟辭退。

交割砧基什物：入院後，須會兩序勤舊茶，詳細詢問山門事務。砧基、契書、什物，逐一點對交割。計算財穀，簿書分明。關防作弊，務在詳審。

受兩序勤舊煎點：至日，首座、知事、勤舊詣方丈，插香拜請住持。次請侍者小師鋪設，住持寢堂中位，兩序、勤舊位如常坐。侍者帶行小師問訊住持畢，兩序、勤舊末坐。至時，首座請住持出，揖坐行禮。若免，只燒香，進前問訊，下觀。首座、知事、勤舊為首，三人問訊歸位坐。食畢，首座起身燒香。如免禮，則就坐吃茶。諸山道舊及辦事法眷、小師等，請寢堂煎點。禮同，但煎點人設位高下，臨時斟酌。

遷化

入龕：念誦云：「白大眾，堂頭和尚已歸真寂，眾失所依。但念無常，慎勿放逸。為如上緣，念清淨法身毘盧遮那。云云。」迴向同前。二時，上粥飯。三時，上茶湯。

請主喪：主喪人至，鳴大鐘，集眾門迎。至龕前炷香，首座、大眾問訊。眾散，兩序、勤舊送客位，插香展禮。主喪人居主位，首座分手座定，躬起燒香，復位獻茶。小師即列前插香，大展三拜。方丈執局及參頭領眾行者，相次插香禮拜。後方丈僕從參拜。罷，獻湯，送兩序出。

請喪司職事：主喪人巡寮罷，兩序、勤舊、小師隨到客位，呈衣缽簿、遺墨等物。會茶議請喪司職事（書記、維那、知客、侍真侍者），並一切佛事（資次見後）以次議請。

主喪人須存公正，不可徇私。帶行僧行，不得干預執役。每日諷經、俵觀、奠茶湯不拘。兩序、勤舊各請一人掌財，庶絕浮議。聖僧侍者把帳，喪司公差、庫子、客頭、茶頭一行人管辦事。

佛事：入龕，移龕，鎖龕，法堂掛真，舉哀，奠茶湯，對靈小參，奠茶湯，起龕，山門首真亭掛真，奠茶湯，秉炬，提衣，起骨入塔，入祖堂，全身入塔，撒土（如衣缽豐厚，每日奠茶湯，添轉龕，轉骨等佛事）。

移龕：前列几案、爐瓶、素花，香燭不絕。二時上茶湯、粥飯，供養，諷經仍備桃燈、鐃鈸、花幡。

掛真舉哀奠茶湯：移龕，就法堂鎖龕已，請掛真佛事。畢，如有親書遺言，侍者捧呈主喪人及首座、大眾云：「堂頭和尚臨終遺言，呈似首座、大眾。」

主喪人躬接，遞與首座，以所書香爐上薰，授維那讀過，喪司行者貼法堂中間上手幕上。主喪白云：「堂頭和尚歸寂，理合舉哀。」舉佛事罷，舉哀三聲，大眾同哭，小師列幕下哀泣。舉奠茶湯佛事，小師列真前禮拜，歸幕下。主喪炷香禮真，兩序、勤舊、大眾以次炷香禮真，小師真左答拜。主喪人幕下弔慰，小師隨禮主喪人三拜。次，慰兩序大眾云：「法門不幸，堂頭和當遽戢化權，敢冀大眾力為，維持後事。」首座答云：「尚賴和尚，力賜主張。」兩序大眾慰小師云：「山門不幸，和尚歸真，且望節哀，以終大事。」小師夜守龕幃。喪司列排祭次（見後），貼法堂下間幕上。凡祭文，皆喪司書記為之。每日或兩次三次，上祭無拘，蓋檀越諸山來有先後隨時。若法眷門人上祭到門，知客接已，即報喪司，隨送孝服。然後上祭。所有賻儀用餘，當歸常住，補槁諸山人從支費。喪司集兩序、勤舊。將抄劄衣缽，議從遺囑留送外，估定新舊、短長、價值高下，庶免唱衣臨時紛紜。

　　對靈小參奠茶湯念誦致祭：喪司維那同小師懷香詣客位，請主喪人，大夜對靈小參。預設座，候昏鐘，鳴鼓集眾，兩序座下問訊（如例程）。主喪人用帶行侍者燒香，無則聖僧侍者代之。小參下座，小師羅拜致謝。首座領眾，龕前上香。立定，請奠茶湯佛事。畢，山門維那念誦云：「白大眾，堂頭和尚入般涅槃。是日已過，命亦隨減。如少水魚，斯有何樂？眾等當勤精進，如救頭然。但念無常，慎勿放逸。恭裒〔註3〕大眾，肅詣龕幃，誦持萬德洪名，奉為增崇品位，仰憑大眾，念清淨法身毘盧遮那佛。」云云。舉《大悲咒》畢，迴向云：「上來念誦諷經功德，奉為新示寂堂頭和尚，伏願不忘願力，再現曇花，棹慈航於生死逝波，接群迷於菩提彼岸。再勞大眾，念十方三世一切諸佛。」云云。畢，山門知客舉《楞嚴咒》。（畢云：）〔註4〕「上來諷經功德，奉為新示寂堂頭和尚，大夜之次，增崇品位。十方三世一切。」云云。次第一一上祭，末舉《大悲咒》（迴向同前）。行僕參拜、諷經畢，喪司行者喝云：「請首坐、大眾就座湯果。」眾散，小師、方丈行僕終夜守靈。

　　出喪掛真奠茶湯：庫司、喪司相關提調喪儀香亭、真亭、幢幡、唄樂、龕前傘椅、湯爐、挑燈、竹篦、主丈〔註5〕、拂子、香盒、法衣等物。小師隨龕後，鳴大鐘諸法器送喪。起龕，念誦云：「金棺自舉，遶拘尸之大城。幢旆搖

〔註3〕裒〔póu〕：聚、輯、取出等義。
〔註4〕應須有此二字，表意才完整。
〔註5〕當為「柱杖」。

空，赴茶毘之盛禮。仰憑大眾，稱念洪名，用表攀違，上資覺路。念清淨法身毘盧遮那佛。」云云。若全身入塔，則云：「卦難提之盛禮。」喪司維那進燒香，引小師拜請起龕佛事。龕至山門首，請奠亭掛真，奠茶湯，俱有佛事。兩序、大眾門列。俟龕出已，山門維那向內合掌中立，舉《往生咒》，或四聖號，大眾齊念。主喪領眾，兩兩分出，左右俵散雪柳。齊步並行，毋得挨肩交語，各懷悲感。都寺押喪，喪司維那、知客、聖僧、侍者俵行喪賵。

茶毘：喪至涅槃臺，喪司維那俟都寺上香茶了，進前燒香，引小師拜請秉炬佛事。山門維那念誦云：「是日則有新示寂堂頭和尚，化緣既畢，遽返真常。靈棺遍遶於拘尸，性火自焚於此日。仰憑大眾，資助覺靈，南無西方極樂世界，大慈大悲阿彌陀佛。」十念，眾和畢，（復云：）〔註6〕上來稱揚聖號，恭贊化儀。體格先宗，峻機不容於佛祖。用開後學，悲心仍攝於人天。收幻化之百骸，入火光之三昧。茶傾三奠，香爇一爐，頂戴奉行和南聖眾。」舉《大悲咒》，迴向云：「上來念誦諷經功德，奉為堂頭和尚茶毘之次〔註7〕，增崇品位，十方三世一切。云云。」山門知客舉《楞嚴咒》，迴向同前。次，鄉人舉經，大眾同諷。畢，首座領眾，歸寺赴齋。小師、鄉人、法眷守化收骨。齋罷，鳴僧堂鐘集眾，仍備儀從，迎骨回寢堂安奉。請安骨佛事，掛真供養、諷經，二時上粥飯，三時上茶湯。或十日半月，大眾諷經，靈骨入塔則止。

全身入塔：龕至塔所，都寺上香茶畢，喪司維那進燒香。

惟願：慧鏡無邊，慈雲廣布，四生界內，示不生不滅之因。六趣道中，說無我無人之法。茶傾三奠，香爇一爐，頂戴奉行和南聖眾。

每日三時上茶湯，集眾諷經，俟迎牌位入祖堂則止。

下遺書：燒香吃茶罷，待兩序至，專使起，爐前謝茶。再插大香一片，展禮稟云：「某處和尚某月某日歸寂，遺書、遺物令某馳送。」即呈書物。住持云：「法門衰落，不勝哀感。」兩序進問訊，首座分手就坐，專使住持對面退一位坐。茶罷起身。

次早，方丈請茶，法堂下間設靈幾排祭。侍者復上堂。

住持升座。下座，詣靈幾前住〔註8〕香，點湯上祭，點茶展拜。

〔註6〕補此二字，以利下文。
〔註7〕補此「次「字。
〔註8〕當為「炷」。

初到寺見侍者，引見住持，插香展拜相看，燒香吃茶。起身稟意畢，送安下處。次到頭首、庫司、單寮、蒙堂諸處相看。

管待主喪及喪司執事人：山門當備供贍，高下一一如儀。仍請兩序、勤舊光伴。首座攝居主席，就方丈坐排照牌，都寺行禮，與常特為同。茶畢，鳴鐘集眾，門送主喪人。

議舉住持

兩序、勤舊就庫司會茶，議請補處住持，仍請江湖、名勝、大眾公同選舉。須擇宗眼明白、德劭年高、行止廉潔、堪服眾望者、又當合諸山輿論。然後列名僉狀，保申所司請之。

兩序茶第六

西序頭首

知客：職典賓客，凡官員、檀越、尊宿、諸方名德之士相過者，香茶迎待。隨令行者通報方丈，然後引上相見。

知殿：掌諸殿堂香燈，時時拂拭塵埃，嚴潔几案。或遇風起，須息爐內香火，及結起幡腳，防顧使勿近燈燭。施主香錢，不得互用。佛誕日浴佛，煎湯供大眾。四齋日開殿門，以便往來瞻禮。

列職雜務

寮元：掌眾寮之經文、什物、茶湯、柴炭，請給供需、灑掃浣濯、淨髮椸巾之類。每日粥罷，令茶頭行者門外候眾至，鳴板三下。大眾歸寮，寮長分手，寮主、副寮對面左右位。副寮出，燒香歸位，茶頭喝云：「不審。」大眾和南。遇旦望點湯，鳴板集眾，燒香、行湯如常禮。

寮主副寮：旦暮僧眾歸堂，巡視經案。或有遺忘什物者，眼同收拾付還。及交點本寮什物，提調香燈茶湯。

請立僧首座

次日住持請僧堂特為茶。請客侍者具茶榜（式見後）詣寮插香拜請禮與特為新首座同。立僧當特為首座大眾茶。與前堂特為後堂大眾禮同。別日方丈管待請兩序光伴。

請名德首座

住持須預稟露，如有允意，方丈先請茶，兩序光伴。即鳴鼓升座，更不

報眾。住持委曲致懇，下座與大眾同伸拜請。鳴鐘，送歸寮，茶湯管待，禮與前同。進退不混，兩序無交代也。

榜式〔註9〕：堂頭和尚今晨齋退，就雲堂點茶。特為新命

　　　首座，聊旌陳　賀之儀。仍請

　　　諸知事、大眾，同垂　光伴。

　　　今　月　日　侍司　某敬白

兩序進退

就中或有再留者，住持隨送到庫司，侍者燒香、點湯勉留。次早，五更鐘鳴，頭首一班懷香詣方丈，觸禮一拜告退。或有留者，亦同前禮，點湯留之。住持以擇定人名目子，並西堂、勤舊，令客頭行者請粥罷會茶。其舊知事一班，候僧堂行粥遍，從後門入。

粥罷，行者守請新人至寢堂。獻茶畢，住持躬起，燒香一炷。

掛缽時請知事

侍者揖請新人至住持前受職，與前禮同，曰方丈會茶。請頭首禮，並同前。

侍者進退

住持批下堂司，請新侍者。維那令行者照批請，仍請寮元勸請，同就堂司茶。揖入，燒香、點茶畢，起身再燒香。

維那行禮，揖坐，揖香，歸位坐。獻湯畢，引上方丈，住持出。

聖僧侍者係維那擇人，和會充職後，引上方丈禮拜。隨例，茶湯點心管待。

方丈特為新舊兩序湯

請客侍者令客頭行者備桮袱、爐燭，詣新舊前堂首座處，炷香，觸禮一拜，稟云：「堂頭和尚請參前就寢堂，持為獻湯。」次，新舊都寺前炷香，無拜，詞語同前。以次新舊兩序，令客頭請，並請勤舊光伴。釘掛寢堂，鋪設坐位。光伴分手，新頭首一出。新知事二出，舊頭首三出，舊知事四出。餘勤舊預光伴者，列主伴兩邊，西序居左，東序居右。燒香侍者預排照牌。至時鳴鼓，客集，同請客侍者行禮（小座湯禮同）。至晚，湯果。次日粥罷，請新舊人茶。庫司亦請茶，然不及赴。赴方丈茶罷，卻往致謝。半齋，庫司點心。仍提調，送舊人粥飯三日。

〔註9〕「榜式」亦如前文之「狀式」，即榜文抄寫、表達的式樣，模板，空白之處乃
　　　為填入具體的人、物、事情、時間等而預留。

堂司特為新舊侍者茶湯

草飯罷，維那令堂司行者，請新舊侍者並聖僧侍者，參前就寮獻湯。堂司設位排照牌，請寮元光伴。鳴寮前板，接入揖坐（禮與庫司同）。當在方丈特為湯之先，庶不相妨行禮。候方丈特為新首座茶罷，則堂司亦請新舊侍者特為茶。次日，當專致謝。

方丈管待新舊兩序

侍者離位燒香，下覷。飯畢，退卓〔註10〕。鳴鼓講茶禮（與特為湯禮同）。鳴鼓三下退座，新舊人兩展三禮拜謝。

方丈特為新首座茶

管待了，次早，燒香侍者覆住持。令客頭行者備柈袱、爐燭、香合、請客侍者寫茶榜（式見前，名德首座同）。詣首座寮炷香，觸禮一拜。稟云：「堂頭和尚齋退，就雲堂特為點茶，伏望降重。」客頭報眾，掛點茶牌，仍請知事、大眾光伴，排照牌。侍者行禮（並與四節特為禮同，惟四板頭不安香几，無巡堂請茶），禮畢，先收首座、住持盞。首座直趨住持前行禮，初展云：「此日特蒙煎點，禮意過勤，下情不勝媿感之至。」再展敘寒溫畢，觸禮三拜。首座從聖僧後，右出堂前，住持相送。復位執盞，侍者燒光伴香。畢，收盞，鳴鼓三下退座。首座仍於法堂下間，候住持謝茶。

新首座特為後堂大眾茶（無後堂則以次頭首）

方丈特為茶了，次早，新首座懷香詣方丈，拜請云：「齋退，特為後堂首座、大眾就雲堂點茶，伏望慈悲降重。」具狀（式見後），備盤袱爐燭，詣後堂首座寮，炷香拜請，云：「今晨齋退，就雲堂點茶特為，伏望降重。」呈納狀訖，受特為人令本寮茶頭遞付供頭，貼僧堂前下間，封皮黏狀前。次令堂司行者報眾，掛點茶牌。長板鳴，僧堂內巡請茶（鳴鼓集眾，行禮並與常特為禮同）。

狀式：前堂首座比丘　某，　右某今晨齋退，就
　　　雲堂點茶一鍾，特為　後堂首座、大眾。仍請
　　　諸　知事，同垂光降。
　　　今　月　日　具位　某　狀
　　　可漏子：狀請　後堂首堂、大眾　具位　某謹封

〔註10〕即「桌」。

住持垂訪頭首點茶

茶湯禮畢，住持齋罷，往諸頭首寮點茶，從容溫存，點檢缺乏，隨令庫司措辦。

兩序交代茶

伺方丈特為新首座茶畢，次第新職事具威儀，懷香躬詣各受代人處，插香，對觸禮一拜，請云：「齋退拜屈尊重就寮獻茶。」隨令茶頭請兩序各一人，東西序勤舊各一人光伴（西序請茶，則知事分手坐，於同列頭首中，請肩下一人光伴。如肩上人赴，坐位相妨。東序請茶，則頭首分手坐。如維那位居東序，請茶時，肩下副寺一人赴。）寮中向內設特為位，主席分手位，左右光伴人位。齋退，鳴寮前板，接受特為人，次接光伴人。入位揖坐，燒香揖香，燒光伴香，入座下茶。茶畢，受代人起，將元請香插爐中，觸禮拜謝而退。次日，令堂司行者請交代點心，名勝一人光伴。前堂首座，則請西堂、勤舊各一人光伴。若庫司一班，請西堂、勤舊、頭首光伴。庫司釘掛，向裏設特為位，左右排光伴位。頭首與主席分手，同序隨班位。次日點心，坐位同前，西序止於知客，東序止於維那。凡侍者交代茶與點心，當請維那光伴（設位、行禮皆同）。近時點心，因而請客，請鄉曲，非禮也。

入寮出寮茶

入蒙堂者白寮主，掛點茶牌。牌左小紙貼云：「某拜請合寮尊眾，齋退就上寮。」齋罷，備香燭普同問訊，揖寮主居主位，點茶人居賓位。略坐，起身燒香問訊，復坐點茶。收盞，寮主起爐前相謝。自蒙堂出充頭首者，點交代茶畢，別日令茶頭報寮主掛點茶牌。齋退，鳴寮中小板，點茶人門外右立，揖眾入。爐前問訊，寮主主位，點茶人分手位。略坐，起身燒香問訊。復坐，獻茶了，寮主與眾起身，爐前致謝，送點茶人出。自眾寮出充頭首者，令茶頭預報寮主，掛點茶牌。齋退，鳴板，先到眾寮門外右立，揖眾入位。立定，問訊揖坐。進中間、上下問燒香，復中間、上下間問訊，仍中央問訊。寮元揖點茶人，對面位坐。行茶畢，寮元出爐前致謝，送出。入眾寮者點茶（禮與出寮茶同），但寮元、寮長分賓主位，自不可入位坐。

頭首就僧堂點茶

伺點出寮茶畢，具茶榜（式見後），令茶頭貼僧堂前下間。具威儀，請方丈

請茶，諸寮掛點茶牌報請。預令供頭燒湯出盞，庫司備茶燭。齋畢，就坐，點茶。頭首入堂炷香，行茶（與旦望禮同）。

榜式：某寮舍湫隘，不敢坐　邀。今晨齋退，就雲堂

點茶一盅，伏望眾慈，同垂　降重。

今　月　日　具位　某拜請

本山辦事禪師　　江湖名勝禪師

鄉曲道舊禪師　　合堂尊眾禪師

大眾茶第七

辦道具

濾水囊：《增輝記》云：為器雖小，其功甚大。為護生命故。中華僧鮮有受持，準律標示。《根本百一羯磨》云：水羅有五種，一方羅（用絹三尺或二尺，隨時大小，作絹須細密不透蟲者。若用踈絹薄紗絅布者，無護生之意），二法瓶（陰陽瓶也），三軍遲（以絹繫口，以繩懸沉於水，待滿引出），四酌水羅，五衣角羅（言衣角者，非袈裟角也。但取密絹一方磔手，或繫瓶口，或安缽盂中，濾水用也）。慈覺大師賾公集經律凡三十一偈，文多不錄。末謂世云：濾羅難安多眾，宗賾崇寧元年，於洪濟院廚前井邊，安大水檻，上近檻唇，別安小檻，穿角傍出，下安濾羅。傾水之時，全無迸溢，亦五大眾沾足。浴院後架仿此，僧行東司亦皆濾水，出家之本道也。後住長蘆，諸井濾水二十餘處。常住若不濾水，罪歸主執之人，普冀勉而行之。

裝包

古者戴笠，笠內安經文、茶具之類。

遊方參請

知客即接入，詞云：「即日恭惟知賓尊長禪師，尊候起居多福。久欽此譽，復奉瞻際，下情不勝感激之至。」答云：「山門多幸，特荷遠臨。」揖坐，燒香吃茶，略詢來歷，即起謝茶。歸旦過，知客尋往回禮。參頭接入，普同問訊。

別插香行禮，就座。侍者燒香，吃茶。住持問鄉里、名諱及夏在何處。各須實答，不可多語。

半齋請點心，當晚特為湯，披衣赴，住持接入。爐前通寒溫，就坐。侍者燒香，揖湯。湯罷，起就爐前謝湯，須兩展三禮。抽衣，就坐藥石。如住持不暇，請頭首代相陪，時當自起燒香。住持自伴湯，乃盡禮也。

次日，粥罷請茶。參頭領眾排立寢堂前，候住持至，即趨前問訊云：「經宿恭惟堂頭和尚，尊候起居多福。某等重承寵呼，下情不勝感激之至。」入座，侍者燒香，吃茶。起至爐前，兩展三禮，謝茶。

侍者次第發榜頭下堂司，維那令行者請新到吃茶。畢，出度牒，上床歷（詳具大掛搭歸堂），候送歸堂。或有故出入，須守堂儀，半月方可請假。

凡寢堂中，必設參椅，示尊師道也。新到相看，住持當居中位，令其插香展禮。側坐受茶，於禮無損。今北方猶行之。

大相看

插香展禮，次謝侍者。次早，赴方丈茶，求掛搭。

大掛搭歸堂

堂司承侍司報榜，即令行者請新到茶。各懷度牒，參頭預備小香合，准歸堂時用。領眾詣堂司，對觸禮一拜，敘寒溫，入座。受茶畢，起稟。

小掛搭歸堂

方丈許掛搭，侍司發榜下，堂司請茶，上床歷畢，送入眾寮。

西堂首座掛搭

次日赴茶畢，稟云：「某為生死事大，特來依棲。」即觸禮一拜。或別日或實時，會兩序勤舊茶。住持躬起燒香，復位立。

方丈別日特為管待，講茶禮。且望請茶，並與勤舊列。

諸方名勝掛搭

凡欲求掛搭，次日赴茶罷，稟云：「某等為生死事大，特來依棲，伏望收錄。」普觸禮一拜。住持如允，則會首座、知事、維那茶。畢，住持躬起燒香，白送意如前。

或方丈發榜頭，煩首座請送，則首座令堂司行者請知事一人，維那、侍者及受送人同至寮。首座燒香獻茶，白主持發批山門相送之意。

方丈特為新掛搭茶（庫司頭首附見）

請客侍者照戒臘，雙字名寫茶狀（式見後）。至日，侵晨洗面時，備桌子、

筆硯，列照堂。請客，於名下書云：「某甲謹拜尊命。」如掛搭諸方名勝，亦依戒寫入茶狀內。隔日，方丈客頭先持狀請僉名，侍者令客頭依戒列名寫特為牌。或作四出、六出，首座光伴，諸方名勝必與住持對面位。若有異議，則於名勝內推戒最高者坐之。參頭與光伴對面位，蓋受送者先謝榻位，此同赴茶耳。

至日，齋罷鳴鼓集眾。侍者揖入，住持相接問訊，次與光伴人問訊，各依照牌歸位立定。燒香侍者、請客侍者分左右位頭行禮巡，揖坐，揖香，揖茶，燒光伴香。鳴鼓退座，並與四節小座湯禮同。受特為人引眾排立謝茶，初展云：「某等此日重蒙煎點，特此拜謝。下情不勝感激之至。」再展云：「即日時令，謹時恭惟堂頭和尚，尊候起居多福。」退身，觸禮三拜而退。

次日，庫司客頭行者依戒單字名具茶狀，列眾寮前請僉名。書云：「某甲敬依來命。」庫堂排位，首座光伴。鳴庫堂板，上首知事與維那行禮。又次日，首座、眾頭首具狀請僉，同前。照堂排位，都寺光伴。鳴照堂板，全班行禮，或四人、六人，分巡問訊。如三人、五人，首座燒香，只居中立。古法三日講行，令諸方多並作一日，就方丈借座。及鼓，頭首、知事空住持一位，互為主伴位次。行禮並同（但謝茶，必當齊離位，轉身問訊致謝。近習只位頭起謝，非禮也）。

　　茶狀式：新掛搭　某甲上座，列名堂頭和尚，今晨
　　　　　　齋退，就寢堂點茶特為，伏希　雲集。今
　　　　　　月　日，侍司某拜請。
　　　　　　庫司頭首則云：
　　　　　　新掛搭某上座，列名右某等，今晨齋退，就庫司
　　　　　　點茶一盅特為，伏望　眾慈，同垂降重。
　　　　　　今　月　日，庫司比丘某等拜請
　　　　　　頭首當列名，止於知客，就照堂，餘同前。

赴茶湯

凡住持、兩序特為茶湯，禮數勤重，不宜慢易。既受請已，依時候赴。先看照牌，明記位次，免致臨時倉遽。如有病患、內迫不及赴者，託同赴人白知。惟住持茶湯不可免，慢不赴者，不可共住。

日用軌範

或歸眾寮吃湯藥，或茶堂經行，次第歸缽位，以上肩順轉（謂左肩也）。若前門，從南頰入，不得行北頰並中央，蓋尊住持也。

寮前板鳴，歸寮問訊。不歸位，為輕侮大眾。入門歸位，如僧堂之法。立定，候寮主燒香畢，問訊上下。若有茶，就座。不得垂衣，不得聚頭笑語，不得隻手揖人，不得包藏茶末。古云：「登床宴坐，不得垂衣。隻手揖人，是何道理！私藏茶末，取笑傍觀。時中鄰案道人，切忌交頭接耳。」茶罷，或看經，不得長展經（謂三面也），不得手托經寮中行，不得垂經帶，不得出聲，不得背靠板頭看經。古云：「出聲持誦吵噪稠人，背靠板頭輕欺大眾。」須預先出寮，莫待打坐禪板。

亡僧

抄劄衣缽：直靈行者每日上粥飯，知事三時上茶湯，燒香。

請佛事：若亡者是西堂、單寮、勤舊，衣缽稍豐，則添奠茶湯、轉龕、轉骨等佛事。

大夜念誦：放參罷，鳴僧堂鐘集眾，龕前念誦。知事先燒香，上茶湯。住持至，燒香，居東序上首立。維那出燒香，請鎖龕佛事。受請人出班燒香，退身問訊。次，住持前問訊，轉東序前問訊，巡至班末問訊。次，西序前問訊，然後與大眾普同問訊，從西序末過。若見職頭首，各依本位空處過，至龕右側立。堂司行者以梓託鎖，候舉佛事畢，行者以鎖鎖龕。畢，住持覆位，維那出幾前左邊，揖住持、兩序上香。

送亡：若奠茶湯轉龕，龕則向裏安排香幾，首座領眾，兩行排立，維那炷香請佛事，候舉佛事而行。

茶毘：喪至涅槃臺，知事燒香，上茶。次，住持上香歸位。維那出燒香，請住持秉炬佛事。

上來稱揚十念，資助往生。惟願慧鏡分輝，真風散彩。菩提園裏，開敷覺意之花；法性海中，蕩滌塵心之垢。茶傾三奠，香爇一爐。

知事候念茶傾香爇時，躬出傾爇，表山門禮。

板帳式

臨時又量眾隨宜，以斟酌之。或勤舊有田地、米穀、房舍、床榻、桌凳，當盡歸常住。仍量唱衣錢寡多，則排日俵賙諷經、看經、添奠茶湯、轉龕骨等佛事。

節臘茶第八

新掛搭人點入寮茶

新掛搭人入寮後，照列納陪寮錢若干，候寮元輪排，當在何日。掛點茶牌報眾，書云：「今晨齋退，某甲上座，某甲上座。」列寫或三人、六人、九人為度。」須各備小香合，具威儀，預列眾寮前右邊立。候眾下堂，茶頭即鳴寮前板。眾至，揖迎歸位。立定，點茶人列一行問訊，揖坐。坐畢，分進中爐、上下間爐前燒香，人多不過九人，則三三進前。退步轉身須相照顧詳緩，列一行問訊。仍分進爐前問訊，退仍一行列問訊而立，謂之揖香。鳴寮內小板二下，行茶遍瓶，須從穿堂入，仍如前進前問訊，復退作一行問訊，謂之揖茶。鳴小板一下，收盞。眾起立定，寮元出爐前，對點茶人代眾謝茶，眾人就位同時合掌。謝畢，寮元復位，點茶人復一行列問訊，再各分進爐前問訊，謂之謝眾臨。仍退作一行問訊，鳴寮前板三下，大眾和南而散。寮元隨令茶頭請點茶人獻茶，候點入寮茶畢，寮元逐日衣〔註11〕戒具名，點戒臘茶行體〔註12〕並同前。

眾寮結解特為眾湯（附建散楞嚴）

四月初，待眾詣方丈謝掛搭罷，堂司圖帳已定，寮元依戒排經櫃圖、茶湯問訊圖、清眾戒臘牌、入寮資次牌、淨髮牌、夏中行茶湯瓶盞圖（兄弟結緣隨意書名）。圖成，大眾和南時，俱出於穿堂。

十二日午後，堂司行者復住持、兩序，諸寮掛諷經牌報眾。寮元灑掃眾寮，預具狀見後，貼寮前下間。請合寮尊眾特為湯，鋪設照牌，觀音前設供養，上下間排香爐、燭臺。預煎湯，寮元親送方丈，令茶頭分送諸寮。俱畢，鳴寮內小板。先講小座湯，亦設照牌，特為寮主、副寮、楞嚴頭，行瓶盞人請寮長光伴。揖坐，燒香揖香，歸位坐。行湯畢，方鳴寮前板，寮長、大眾入座。請維那、侍者光伴，與寮元分手位，寮長對面位，大眾依戒四案位。寮主、副寮分案行禮，皆巡問訊，入座揖坐，燒香揖香。鳴寮內板二下，行湯遍，揖湯。又鳴板一下，收盞畢，寮長進爐前謝湯。畢，鳴寮前板三下，退座。兩序入寮，首座、都寺各燒香，歸班位立。寮元於門外右立，伺迎住持入，燒香立定。寮元於西序班末後立，出燒香禮拜。楞嚴頭舉咒迴向，畢，寮元送住持出。

〔註11〕當為「依」。
〔註12〕當為「禮」。

七月十二日禮同。

狀式：守寮比丘　某，右某啟取，今晚就寮煎湯

　　　一盅，特為合寮尊眾，聊旌某製之儀。伏望

　　　眾慈，同垂

　　　光降。謹狀。今　月　日守寮比丘　某　狀

　　　可漏子：狀請合寮尊眾禪師　守寮比丘某　謹狀

楞嚴會

住持出，鳴庫堂前大板三下，鳴大鐘、僧堂鐘、殿鐘。住持至佛前燒香上茶湯畢，歸位。

方丈小座湯

四節講行，按古有三座湯。第一座分二出：特為東堂、西堂，請首座光伴。第二座分四出：頭首一出，知事二出，西序勤舊三出，東序勤舊四出，西堂光伴。第三座位，多分六出。本山辦事，諸方辦事，隨職高下分坐，職同者次之，首座光伴。侍司預備草圖，呈方丈議定。

至日，依名書照牌。午後，備卓袱，作一二三座，陳列寢堂下間。東西堂、前堂、首座、都寺，係請客侍者各詣寮，觸禮拜請云：「堂頭和尚請今晚就寢堂，特為獻湯。」餘頭首、辦事、名勝，方丈客頭行者請云：「方丈和尚參前請就寢堂，特為獻湯。」寢堂釘掛排位，秉燭裝香畢，客頭行者復侍者，次復方丈。鳴鼓，初座客集。侍者揖引至住持前問訊，依照牌入位立定。燒香侍者、請客侍者分往特為人前巡問訊。揖坐已，復位並立，燒香侍者進前燒香。仍歸位，與請客侍者同時轉身，分巡問訊，揖香。候鳴板二下，行湯遍，仍巡揖。湯畢，燒香侍者進燒光伴香。鳴板一下，收盞。鳴鼓五下，退座。三座行禮並同。

叢林以茶湯為盛禮，近來多因爭位次高下，遂寢不講。住持當力行之，江湖老成當力從臾之，庶將來知所矜式云。

庫司四節特為首座大眾湯

念誦罷，就僧堂講禮。都寺預於齋退具湯榜，見後。即令客頭行者備桲袱、爐燭，詣前堂首座前插香，觸禮一拜，稟云：「今晚就雲堂，特為首座大眾點湯，伏望慈悲，特垂光降。」以榜呈納。首座隨令本寮茶頭遞付供頭，貼僧堂前下間。庫司客頭隨覆云：「拜請湯罷，就座藥石。」都寺懷香詣方丈，

觸禮一拜，請云：「今晚就雲堂，特為首座大眾點湯，伏望和尚慈悲，特垂降重。」仍分付客頭，請勤舊、蒙堂諸寮，各掛點湯牌。逐一請已，僧堂前列照牌，設首座與住持對面位，上下間安大眾位，差行者專直特為人。

念誦畢，即鳴齋鼓一通，大眾歸缽位，頭首一班齊歸前板。都寺隨入揖，首座離位卻揖。以次頭首進板首，隨送首座歸位。從聖僧後，右出堂外，迎住持入堂。供頭緩鳴堂前鐘七下，送住持入位，仍往首座前揖坐。仍如前出，從首座板，起巡堂一匝外堂上下間。歸堂中立問訊。眾坐，進前燒香。次，上下間、外堂。歸，香合安元處，即往特為人前問訊。右出住持前問訊，仍巡問訊一匝及外堂。歸堂中，問訊側立。鳴堂前鐘二下，先進特為人與住持湯，次行大眾湯。遍瓶出，往特為人前問訊。右出，聖僧前大展三拜，仍巡堂一匝。出外堂巡畢，引全班入住持前行禮，初展云：「此日粗湯，特沐慈悲降重，下情不勝感激之至。」再展云：「即日時令，謹時恭惟堂頭和尚，尊候起居多福。」退，觸禮三拜畢，轉身引從聖僧後轉右出，堂前排立，首座隨出對觸禮一拜謝湯，復從上間入特為位。都寺復歸中，燒香（為藥石故）而退。堂司行者喝云：「請大眾下缽。」行者進住持特為人卓，大眾展缽（頭首不下缽，庫司備碗樣）。行藥石食畢，鳴鼓三下，退座。方丈預出免人事榜云：「某節並就來日，法堂上人事例免到方丈，伏希眾悉。　住山某諮白。」貼僧堂上間，不鳴放參鐘（各鄉曲依所出榜，詣各處團拜）。四節並同，惟冬節湯罷行糉果，方行藥石。

湯榜：庫司今晚，就雲堂點湯一盞，特為首座大眾，

聊旌某節之儀。伏望眾慈，同垂光降。

今　月　日庫司比丘某等敬白。

結制禮儀

住持入堂燒香，展拜，巡堂歸位（小師輩必當迴避，從後門出。候講禮畢，復位吃茶）。

大眾就坐，侍者歸中問訊，揖坐，進中爐上下間至外堂燒香。香合安元處，退身當中問訊。上下間外堂問訊了，歸中立。鳴鐘二下，行茶遍瓶出，復如前問訊中立。鳴鐘一下，收盞。鳴鐘三下出堂，眾散。

四節秉拂

次就燒香侍者處借法鼓。秉拂人令茶頭行者請聖僧侍者、禪客，燒香獻茶畢，云：「今晚秉拂，輒煩侍者燒香，禪客問話。」復令行者，僧堂前掛秉拂牌。

秉拂罷，方丈客頭唱請湯果。如小參時，秉拂人即懷香同詣方丈拜謝，就坐湯果。次日，方丈請茶，如都寺辦齋並請茶，半齋點心。別日上堂，敘謝管待，或請立班。西堂在第二夜秉拂。住持小參時，先委曲勸請舉揚，隨意拈頌公案。遞相激揚此道。近時敘謝，循襲繁贅，使人厭聽，取誚識者。蓋秉拂以法為施，苟徇時儀，但總標名，或略提過足矣。

方丈四節特為首座大眾茶

至日粥罷，請客侍者寫茶榜，見後。備桙袱、爐燭，詣寮炷香，觸禮請云：「堂頭和尚，今晨齋退就雲堂點茶特為，伏望降重。」以榜呈納，貼僧堂前上間。客頭行者請以次頭首諸寮，及請知事光伴，掛點茶牌。長板鳴，請客侍者入堂，聖僧前燒香一炷，大展三拜，巡堂一匝，至中問訊而退，謂之巡堂請茶。堂前排特為照牌，首座與住持對面，上首知事與住持分手位，維那次之，以次知事與受特為人分手位。

鳴鼓集眾，燒香侍者行禮（並與庫司特為湯禮同）。首座至住持前謝茶，兩展三禮，初展云：「茲者特蒙煎點，下情不勝感激之至。」再展云：「即日時令，謹時恭惟，堂頭和尚尊候起居多福。」退，觸禮三拜。住持每一展，則約止之。至觸禮，則答一拜。首座轉身，從聖僧後右出，住持略送復位。侍者燒光伴香，鳴鐘收盞，鳴鼓退座，亦同前。首座先往法堂，候住持拜謝，免則問訊。

榜式：堂頭和尚今晨齋退，就雲堂點茶一盅，特為

　　　首座、大眾，聊旌某節之儀。

　　　仍請諸知事，同垂光降。

　　　今　月　日，侍司　某敬白

庫司四節特為首座大眾茶

遇節之次日，粥罷，庫司具茶榜（與湯同）請茶，報眾掛牌。長板鳴，入常請茶，與侍者同。齋退，排照牌設位，鳴鼓集眾。揖坐，揖香，揖茶，巡堂問訊。住持前行禮，致詞，並同湯禮。

前堂四節特為後堂大眾茶

遇節之第三日，首座具茶狀，見後。詣後堂首座寮，及詣方丈請茶，講行禮儀次第並與庫司特為茶同，但添設知事位次。

茶狀：前堂首座比丘某，右某啟取今晨齋退，

　　　就云云堂點茶一盞，特為　後堂首座大眾，

　　　聊旌某節之儀。仍請諸知事，同垂光伴。

　　　今　月　日具位　某　狀

　　　可漏子：狀請後堂首座大眾　具位　謹封

旦望巡堂茶

住持上堂說法竟，白云：「下座巡堂吃茶。」大眾至僧堂前，依念誦圖立。次第巡入堂內，暫到與侍者隨眾巡。至聖僧龕後，暫到向龕與侍者對面而立，大眾巡遍立定。鳴堂前鐘七下，住持入堂燒香，巡堂一匝，歸位。知事入〔註13〕堂，排列聖僧前問訊，轉身住持前問訊。從首座板起，巡堂一匝。暫到及侍者隨知事後出，燒香侍者就居中問訊，揖坐。俟眾坐定，進前燒香及上下堂、外堂，先下間，次上間。香合安元處，爐前逐一問訊。揖香畢，歸元位。鳴鐘二下，行茶瓶出，復如前問訊，揖茶而退。鳴鐘一下，收盞。鳴鐘三下，住持出堂。首座、大眾次第而出，或迫他緣，或住持暫不赴，眾則粥罷就座吃茶，侍者行禮同前。

方丈點行堂茶

節臘，僧堂茶罷，侍者同客頭至行堂點茶。客頭預報參頭，掛點茶牌報眾。燒湯出盞，請典座光伴，方丈預送茶。侍者至庫司，典座接入，參頭、堂主領眾行者門迎。侍者居主位，代住持也。典座右位，侍者出中燒香一炷。復位，以手揖眾坐。吃茶畢，典座送出，參頭、堂主門送，即詣方丈謝茶。

庫司頭首典行堂茶

庫司候方丈點茶罷，知事詣行堂點茶。知事居主位，典座分手，行禮與方丈侍者同。送出門，喝云：「參頭大眾，詣庫司謝茶。」庫司客頭報云：「知事傳語，免謝茶。」頭首候點僧堂茶（見《兩序章》）罷，令堂司行者報參頭，掛牌報眾，請典座光伴，行禮（與庫司同，出門喝謝、喝免亦同）。

月分須知

三月：初一日，堂司出草單。清明日，祖堂、諸祖塔、諸檀越祠，庫司預報灑掃，嚴備供養，集眾諷經。此月出榜，禁約山林茶筍。

〔註13〕「入」為後補。

五月：端午日早晨，知事僧堂內燒香，點菖蒲茶。住持上堂，次第建青苗會。堂司預出諸寮，看經，誦經單。直歲點檢諸處整漏，疏濬溝渠。方丈詣諸寮、諸庵塔，各作一日點茶溫存。僧堂內掛帳。

九月：初一日，首座復鳴坐禪板。堂司提調糊僧堂窓，下涼簾上暖簾。重陽日早晨，知事燒香，點茱萸茶。住持上堂許，方來相看。

法器茶第九

鐘

僧堂鐘：凡集眾，則擊之。遇住持每赴眾入堂時，鳴七下。齋粥下堂時、放參時、旦望巡堂、吃茶下床時，各三下（住持或不赴堂，或在假則不鳴）。堂前念誦時，念佛一聲，輕鳴一下，末迭一下。堂司主之。

版〔註14〕

眾寮內外各有版。外版，每日大眾問訊時三下，坐禪、坐參時各三下。候眾歸堂，次第鳴之。點茶湯時，長擊之。內版，掛搭歸寮時三下，茶湯行盞二下，收盞一下，退座三下，小座湯長擊之。

鼓

茶鼓：長擊一通，侍司主之。

〔註14〕《大正藏》底本即此「版」，今當作「板」。

71 善惠庵施茶田記

〔元〕天如惟則

題解

　　《善惠庵施茶田記》一文見善遇輯《天如惟則禪師語錄》卷六,《卍新纂續藏經》第 70 冊。作者天如惟則（1286～1354）,俗姓譚,江西吉安人。幼年剃度,得法於中峰明本,嗣傳臨濟宗,住姑蘇師子林,有「淨土禪、禪淨土」之著名言說。此作主要記敘善惠庵僧人慧持造亭庵外,煮茶施人。慧持去世後,善達繼續此善舉。某天善達表達了自己的擔心,恐死後無人、無力維繼此事。於是有心者施田若干作寺廟恆產,用以種茶,以續功德。而後,又延伸談到了佛禪的慈悲濟世本懷,以及於一茶湯之細微事中見佛禪之理趣。在此意義上,此文所欲說者並非茶之種植採造品飲,而是施茶之功德。「茶功德」也是禪茶的重要支柱理論,尤其是演化後的「吃茶功德」,只不過,禪茶功德更多是立足於自性視角而展開。

記文

　　吾佛之致滿足菩提者,以其不捨一法,以其無一法非濟人之行也。故凡學佛之徒,見一行足以濟人必勇為之。然行有鉅細,濟人有緩急。架舟梁,樹宮剎,捨頭目髓腦,其行固大矣。有以一勺之湯,一啖之茶,活人於道路者,功或倍之,是蓋濟其急也。

　　吳郡闔關西,瀬河為路,負者、戴者、轡者、纜者奔蟻縱橫於臂交趾接之衝。每歲夏秋暑酷,行塵歊飛,河波沸濺,焦渴痁痛,枕藉而喝死者有之。至大戊中,善惠庵沙門慧持請於有力者作亭庵外,鑿井其下,歲募茗藥。及

是時汲清煮香，手給其施，由是德其惠者不可勝紀。延祐間，持沒，善達繼焉，迄今二十年矣。忽語人曰：「吾鈇求黍乞，勞不敢恤，嗣吾來者或憚其煩而廢之。將若何？」於是有感其言者，欣然相率，施以田若干。且議曰：「田籍於庵，米別貯，毋公私互濫。歲會其餘積，以備旱潦。如是則用有恆產，雖遞千載無足慮。」

　　屬余文記諸。余曰：「噫，自濟易，濟人難。濟人者推己之餘易，求諸人難。求人以濟人者暫易，持久難。今夫以茶湯濟人，雖一至微事，然平生扣謁瑣屑，志不少衰。既能守鮮終之戒，又挈挈為悠久謀。苟非具學佛知見，其肯以無厭之勞不報之施累其身，復累其後於無窮世乎？」後之覽者，知濟人之行不可不為，知滿覺之道一法不可捨。必有感於此而奮發於此。故不辭為之記。

72 覺喜泉記

〔元〕中峰明本

題解

　　《覺喜泉記》錄於《天目明本禪師雜錄》,《卍新纂續藏經》第 70 冊。中峰明本（1263～1323）,元朝僧人。俗姓孫,號中峰,法號智覺,住持浙江天目山。《覺喜泉記》篇幅較短,先以佛禪識人辨性之論談人心之昏瞶迷失；又將禪家意趣比況於覺喜泉中,談禪論道；最後汲泉煮茶,感受禪性。品飲之間,一片清淨光明。實可視為禪茶論典之代表性範式。禪茶之道,固然先以品飲為基,但將禪法之理念、實踐、方法注入茶事中,形成特殊的禪茶修心證道文化,才具備禪茶應有的基本形態。

正文

　　識性之昏迷也,必期以覺。身心之煩惱也,必期以喜。昏迷則十二類即之而生,煩惱則八萬劫因之而續。其覺之至也,如日麗中天,法界不期照而照,喜之來也。如春回寒谷,草木不期萌而萌。

　　人徒知覺喜為天下之道而競求之,而不知昏迷乃覺之源,煩惱乃喜之本也。能即其源而扣其本,到煩惱昏迷覺之與喜俱無所住,於無所住處大覺大喜,圓裹無外,充塞無餘。若泉之出於地而止於沼也,不澄而清,不濾而潔,明鑒萬象,圓受十虛。觸風則波,遇決則流。其寂湛之體元無所住,而亦無所不住者矣。

　　一山首座,誅茅窮谷中,方憚其無水,尋而泉從地湧,乃目其泉曰「覺喜」。予因獻前說而復告之曰：「將使垢者濯於此,渴者飲於此,臨者鑒於此,

則莫有不獲其覺喜者也。」座曰:「子之說但知彼而不知此也。何則然?覺自喜也,喜自覺也。使吾泉實有毫髮之意令其覺喜,則謗吾泉也。謂吾泉實無意於覺喜,亦謗吾泉也。而天下孰能審諸。」予曰:「然則如是說者,是謗耶?非謗耶?」

　　良久,汲泉煮茗,對坐忘言。月滿窗虛,光透波底。於斯時也,覺乎喜皆不可覆議其得失者矣!

73 茶經外集

〔明〕真清

題解

　　《茶經外集》專題輯錄竟陵西禪寺有關陸羽的禪茶文化。主要是詩歌，計唐 5 首，宋 1 首，明 33 首。陸羽長育在竟陵龍蓋寺，此地從此有茶緣。真清是西塔寺（龍蓋寺）住持，向來以陸羽後學自居。並主動地收集、保存和傳播陸羽《茶經》及相應茶文化。據目前可知，《茶經》的第一種單行刊本嘉靖壬寅（1542）柯（柯喬）刻本的底本便是真清所珍藏者。此《茶經外集》，也是真清專門收錄或創作的有關於西塔寺陸羽茶的詩歌，是成色十足的禪茶篇章。在刊出柯刻《茶經》時，真清將此集收錄於刊本的第二冊中。後在流傳過程中，逐漸又被獨立對待，當做專題的茶書論典。目前可見的《茶經外集》，主要有「吳旦本」「孫大綬本」，然二本或是真清本的重新編錄，又或是內容較真清本少得多。雖然並不等同，但也不再收錄。可以說，竟陵禪茶由於陸羽及此西塔寺傳承的關係，乃屬禪茶文化中較為獨特的一支。將之錄入禪茶論典，甚至還可較為清晰地發現陸羽茶系如何分化成禪、儒、道等各支，以及如何融於各家思想體系的過程！

唐第一

六羨歌　陸羽

　　不羨黃金罍，不羨白玉杯，不羨朝入省，不羨暮入臺，千羨萬羨西江水，曾向竟陵城下來。〔註1〕

〔註1〕《全唐詩》第 308 卷第 7 首。

送羽採茶　皇甫曾

千峰待逋客，香茗復叢生。採摘知深處，煙霞羨獨行。幽期山寺遠，野飯石泉清。寂寂燃燈夜，相思一磬聲。〔註2〕

送羽赴城　皇甫冉

行隨新樹深，夢隔重江遠。迢遞風日間，蒼茫洲渚晚。

尋陸羽不遇　僧皎然

移家雖帶郭，野徑入桑麻。近種籬邊菊，秋來未著花。扣門無犬吠，欲去問西家。報導山中去，歸時每日斜。

西塔院　裴迪

竟陵文學泉，蹤跡尚空虛。不獨支公住，曾經陸羽居。草堂荒產蛤，茶井冷生魚。一汲清泠水，高風味有餘。

宋第二

觀陸羽茶井　王禹偁

甃石苔封百尺深，試茶嘗味少知音。唯餘半夜泉中月，留得先生一片心。
〔註3〕

國朝第三

秋日讀書西禪寺〔註4〕湖漲彌月小舟夜泛偶成　蓮北魯鐸

寺門湖水漾秋痕，懶性相因省出門。卻被天心此明月，野航招去弄黃昏。

過西塔懷蓮北先生　一山張崗

茶井西偏結此亭，湖光明處眾山青。夜深神物應呵護，尚有東岡太史銘。

遊西禪寺漫興　東濱徐咸

湖波萬頃一橋通，西入禪房路莫窮。白鶴避煙茶灶在，青松留影法堂空。閒心未似沾泥絮，宦跡真成踏雪鴻。乘興忽來還忽去，此情渾與剡溪同。

〔註2〕《全唐詩》第 210 卷第 13 首。
〔註3〕王禹偁：《小畜集》第 8 卷，第 7 頁。《四庫全書》集部・別集類。
〔註4〕「西禪寺」之名源於「竟陵西面之禪寺」，其正錄名稱當為「龍蓋寺」「西塔寺」，只是後來隨著稱「西禪寺」者漸多。西禪寺、龍蓋寺、西塔寺逐漸被等同。

聞清公從新安來大新龍蓋寺春日同夢野過訪　陸泉張本潔

古剎西湖上，經年到未能。一尊攜偶過，千載喜重興。茶井頻添碗，松壇續見燈。徘徊飛錫處，因迁遠來僧。

尋清上人因懷可公次韻　夢野魯彭

春湖入古寺，晝雨對盧能。徒倚論今昔，長歌感廢興。清風隨掛錫，白日好傳燈。茶井西偏路，提壺憶老僧。

過西禪次陸泉韻　蔣山程鍵

佛法歸三昧，神通說七能。煮茶松鶴避，洗缽水龍興。白晝花飛雨，青蓮夜煥燈。何當謝塵故，接跡伴山僧。

訪西禪有作　瑞坡楊應和（長樂人）

尋訪禪林懷好音，通幽花竹揔無心。看花說偈龍偏聽，燒竹烹茶鶴不禁。作客十年真幻妄，浮生半日此登臨。振衣趺坐待明月，猶恐長雲起暮陰。

遊西塔院逢清禪師次韻　觀復魯嘉

我聞西塔院，佛子亦多能。萬古還虛寂，千年說廢興。禪枝玉作樹，雪殿石為燈。寂寞風湖夜，相逢雲水僧。

西塔院訪古　芝山汪可立

西禪湖面寺，風致異器寰。煮茗分新汲，沉檀爇博山。
百年乘興至，半日共僧閒。囷討成心癖，天雲互往還。

遊龍蓋寺　雪江程壏

十載江山訪赤松，半湖煙浪隱仙蹤。法門星月留丹□，水國魚龍傍曉鐘。花底尋幽殘露濕，竹見下榻□雲封。江雪咫尺乾坤回，聊倚寒筇對晚峰。

宿龍蓋寺　心泉程太忠

西面湖光一徑通，白雲深處是禪宮。藤蘿嫋嫋煙霞古，水月澄澄色相空。仙茗浮春香滿座，胡床向晚腋生風。恍疑身世乾坤外，便欲凌翰訪赤松。

過龍蓋寺　比涯程璐

江城抱古寺，咫尺斷浮埃。老鶴依僧臥，白雲逐客來。湖心懸日月，樹底響風雷。茶井神龍起，流光遍九垓。

茶亭懷古　陸洲張一中

茶井何年甃，林亭此日新。間過容假息，小築況為鄰。龍鳳名空在，煙霞跡已湮。高人不可見，臨眺獨傷神。

過龍蓋寺清禪師　少岳何曉

天開龍蓋寺，地插鑒湖中。白晝雲光滿，清宵月色空。讀經翻貝業，把酒面芳叢。社白應慚我，何由識遠公。

失題　西泉真清

十載傳衣缽，沙門寄此身。種蓮開白杜，屏跡謝紅塵。定起雲生衲，經殘月滿津。卻憐桑苧老，千古揖風神。

春日遊西禪茶亭憩息　前川鄒谷

散步招提上，年來未一經。井泉仍舊跡，桑苧忽新亭。繞檻湖爭碧，開軒山送青。甌馴如對語，鶴倦每梳翎。脫病身初健，偷閒心自寧。烹茶同老衲，得句慰山靈。日暮歸從晚，塵氛夢欲醒。幽期意無盡，相送更禪扃。

懷陸篇　夢野魯彭

君不見，雁叫門上有陸公，寒泉古木何冥冥，青天白日來風霆。又不見，陸公一去已千載，陸公之名至今在。亭中過客雪片消，西湖滿滿長不改。我來訪古一引泉，茶爐況在落花前。平生浪說《煮茶記》，此日卻詠《懷陸篇》。嗟公磊呵不喜名，眼空塵世窺蓬瀛。幾回天子呼不去，但見兩腋清風生。清風飄飄湖海中，雲籠月杓隨飛蓬。自從維揚品鑒後，千山萬水為一空。孤蹤落落杳難跡，斷碑遺址令人惜。覆釜洲前柳復青，火門山頭月猶白。柳青月白無窮已，春去秋來共流水。西江宛轉南零開，苕溪指點依稀是。吁嗟古今不相見，個中如睹春風面。日夕猶聞渚雁悲，山川不逐桑海變。洗馬臺邊物色新，正值人間浩蕩春。放歌曳履且歸去，回首滄波生白蘋。

登西禪訪陸羽故居　定溪方新（御侍）

竟陵南下雍湖陰，千載高蹤尚可尋。古井泉分煙月冷，幽亭風入芰荷深。談經早悟安禪旨，煮茗深知玩世心。我欲從君君莫哂，洞庭秋水擬投簪。

過景陵宿西禪寺　少泉王格

積水回巒草色幽，平蕪一望暮煙浮。居人落落多茅屋，征客瀟瀟傍荻洲。酒幌晝閒停馬問，釣舟夜放□魚遊。行行遙指孤城宿，落日西風古寺秋。

遊西禪寺　梧崖蕭錄

十載西禪入夢多，重來豈謂隔煙波。通人小艇穿魚鳥，候客幽僧出薜蘿。白石埤頹猶護址，紫薇花老半無柯。水亭徒倚從遊侶，芳醑清琴笑語和。

又次方定溪韻

水亭幽帶薜蘿陰，一徑遙通不費尋。鐘鼓迎賓當晝未，鳧鷗聽講如簷深。人矜絕寂堪逃俗，我愛清冷好洗心。佳兆偏知榮轉客，天香浮瑞點朝簪。

秋日過西禪寺　星野方梁

萬峰秋盡映湖光，乘興尋幽覓釣航。茶井處無仙□逝，山亭寥落客心傷。雲深水殿鐘聲靜，霜落江城木葉黃。慷慨登臨懷往事，清泉明月照禪房。

過西禪寺訪陸羽　蓋吾張惟翰

香徑通禪榻，緣心質異人。鐘鳴僧出定，齋熟鳥來馴。樹老藤陰合，波澄竹影清。井餘茶灶冷，雲水意相親。

遊西禪寺　生員蕭選

上房佳氣鬱芬蕘，殿閣飛軍影動搖。雲淨好山皆入座，雨餘新水欲平橋。山僧掃葉烹清明，野客吹簫醉碧桃。卻憶當年桑苧客，小山從桂竟誰招。

登觀音閣　又

縹緲憑虛閣，隨喜塔西房。氣爽疑天別，僧閒竟話長。馴人鶴不避，入座茗猶香。但自遺名得，還來憩上方。

弔陸羽先生有感而題　槐兒任高

謾覓遺蹤近渺茫，遙觀維見水洋洋。可憐一段經綸手，空付寒煙戴鶴傍。

過西禪寺　程彬

西塔知名寺，垂楊夾徑深。曇花明佛臘，茶井漱禪心。風度鐘聲遠，波搖竹影沉。此身江海寄，乘興且登臨。

書西禪寺陸羽亭　新安余一龍

西禪迤北構高亭，故老相傳陸羽名。羨有萬千惟此水，書無今古亦為經。不居方丈圍蒲坐，獨向深山帶雨行。料得先生還意別，嗜茶未必是先生。

遊西禪寺　分巡荊西道蘇諱雨

竟陵秋色在雙湖，湖上招提入畫圖。清鏡影懸分巨浸，碧天光湛見真吾。地憑黿背疑三島，勝據滄州小二姑。乘暇偶來波若界，西湖重過舊時蘇。

西禪寺飲陸羽泉　又

聞道金山寺，金山似此山。開泉名陸羽，煮茗駐朱顏。味澄清涼果，人超煩惱關。阿誰同汲引，分得老僧閒。

題西禪茶井　新安程子諫

逃禪重陸羽，豈為浮名牽。採茗南山下，鑿井古剎前。非消司馬渴，那慕接輿賢。誰覺幽求土，茶經為寓言。

失題　庠生江有元

始學懷桑苧，今來異雁門。亭從何日圮，舊井獨風存。讀易知鴻漸，烹茶避鶴蹲。如何修潔羽，不赴九天閽。

失題　庠生延鶴

陸羽傳燈處，清虛一洞天。珠林仍殿閣，竹嶼自山川。水羨西江好，書從唐史傳。龍團鳳味在，何著季卿篇。

74 募茶疏

〔明〕明雪

題解

《募茶疏》，明代禪僧明雪撰，錄於其著作《入就瑞白禪師語錄》卷十一，見《嘉興藏》第 26 冊。禪門日常茶葉所需，除了寺廟自身農禪種植之外，主要來源於信眾捐贈。此作品所述，乃是因寺院要舉行相應活動，需要大量茶葉，故而禪師撰文向信眾募捐。在此語境下，茶葉被賦予了待客、解渴、除燥等日常飲用功能，而且還提升至息心見性視角，與積累功德福德等禪門修持連結在一起。

正文

茶為奉客之先供，止渴之要湯。〔註1〕才入門來，即與一碗，使其沾著唇齒，當下知歸。〔註2〕故爾趙州無論到與不到，咸云吃茶去。〔註3〕今日弁山〔註4〕，意欲借彼發明諸人大事，乞眾檀那各出隻手，成就勝緣。〔註5〕俾飲者嘗者，枯腸頓息，不受伶俜，入清涼地，獲如意果。則諸檀福德孰可量哉！〔註6〕

——明雪：《入就瑞白禪師語錄》卷十一，《嘉興藏》第 26 冊，第 794 頁。

〔註1〕茶湯為待客的首選，也最適宜止渴。
〔註2〕飲茶即得當下寧靜、安心，故而就如歸於自家。
〔註3〕見趙州「吃茶去」公案，此公案直截心流，令人當下空空，當下息心，自然回歸本性。
〔註4〕明雪禪師，字瑞白，號入就。住湖州弁山，故以弁山自稱。
〔註5〕向眾人募捐茶葉。
〔註6〕譬喻飲茶可消除身內燥氣，可息心中熾念，由此證如意清涼果，而施茶者也可積累福德功德。

75 如意泉歌

〔明〕雪關智誾

題解

　　《如意泉歌》，雪關智誾撰，錄於《雪關禪師語錄》，見《嘉興藏》第27冊。作品大意是秋天寺廟缺水，於是禪師到附近尋可用水源。最終在山色絕美、鳥鳴樹陰處發現有寶泉跡象，才以鐵如意撥開，便見靈泉從石縫中流出，遂名之「如意泉」。之後，此泉便解決了寺中缺水之荒，還可用來供佛，煮茶，從而賦予了此泉豐富的佛禪含義。這是僧家的一般思路：靈泉煮茶，總是與禪法修持、自性開悟結合在一起。所以形成了煮茶參禪、以茶參禪的習慣和場景。此類作品，儘管不是體系性的禪茶專論，但展現給人的卻是一種活態的禪茶化用實踐，完全可見僧家茶道神髓。

正文

　　瀛山為太甲衍龍雙澗夾流，在左右兩翼峰之外。寺有井暨五池，時秋亢無以汲。〔註1〕予因攜笻入塢之東，覓得一泉，從石寶間迸出，味極甘冽，可供數千指。因作歌誌喜，且呼為如意泉。蓋予手持鐵如意撥開泉眼，水即應指而出，故因名云。〔註2〕

　　山色巃嵸何秀拔，疑是鷲峰分太甲。如幢似蓋湧神嚚，翠積樓臺霞欲潑。中藏乳寶秘寒湫，未濫觴時似截流。我來匡徒食指眾，秋深井沼竭難求。稽

〔註1〕寺中季節性缺水。
〔註2〕水如意，心如意，大眾如意，發現泉眼時又帶有些許神異情節。

－643－

首雜華香水海，娑竭遙分脈非外。〔註3〕手攜如意踢林皋，所控必無爽諸丐。俄聞好鳥樹頭鳴，樹下幽崖小鹿行。俯視草深淤濕處，聲生觱沸耳邊清。呼童荷钁開泥面，石罅纔疏珠急濺。喜將柄鐵發其淙，迸破源頭那一線。〔註4〕柔光湛碧注玻璃，煮出甌花暈綠脂。〔註5〕忽陣松風傳磬響，佛前先供滿瑤卮。〔註6〕笑呼同侶斟還坐，知味其中能幾個。〔註7〕三喚無煩老趙州，肯與茶仙較清課。〔註8〕此泉未出山之垠，澄不停兮攪不渾。〔註9〕此泉崩流通浩翰，綆莫及兮竿莫探。〔註10〕要知滴水廣含藏，萬派千枝同一貫。〔註11〕更有神龍深處蟠，酬經變化雨潭潭。軍持直透金輪際，倒汲滄溟徹底乾。

——智闇：《雪關禪師語錄》，《嘉興藏》第 27 冊，第 530 頁。

〔註3〕香水海：佛教認為世界有九山八海，最中央為須彌山，其四周由八山八海環繞。八海之中，第八海為鹹水，其他皆為八功德水，有清香之德。娑竭：全稱為娑竭羅、娑伽羅，指海中龍王，引申為功德水。此處數句，均是指寺中缺水，迫切渴望獲得佛教傳說中的香水海以及其餘功德水。

〔註4〕一語雙關，以鐵如意撥開「源頭」。

〔註5〕此泉恰好適合煮茶品泉。

〔註6〕酌來供佛。

〔註7〕招呼大眾同坐品泉。

〔註8〕山泉淪茶，正好參趙州吃茶去，也好見茶仙之神韻。

〔註9〕正好喻指自性之不染不動。

〔註10〕自性深密。

〔註11〕僧家法乳，廣含大千。

76 物可入剡山採茶賦得辛苦歌為贈

〔明〕淨現

題解

　　《物可入剡山採茶賦得辛苦歌為贈》由明代淨現撰，錄於《象田即念禪師語錄》卷四，《嘉興藏》第 27 冊。此作通篇以歌吟詠禪茶，主要有幾點內容：第一，人生本苦，如入火宅，欲得本來自性解脫，則需吃得苦中苦。第二，苦者，源於無明分別。而入山採茶，即是修行方式之一，故可專心採茶，專心參修，若能於採茶中忘斷身心，便可體證滿山茶意、當下禪境。第三，採茶即應直心採茶。以採茶修道，悟道，用道，古已有之，例如潙山仰山之採茶對答即是榜樣，故而只管直心、用心採茶去。第四，理事本來一體圓融，採得山中茶，自然已經吃得苦中苦，有此因緣，自可吃出一盞清涼禪意。表面上看，此作僅僅是歌詠禪門採茶吃茶之事，然而一旦細細探究，便可發現此事中其實已融入了禪茶之神韻，禪修之始末。中國禪茶文化中，最常用文學化的形式來表達茶事與禪修的一體化。

正文

　　莫辭辛，休道苦。既為僧，師佛祖。佛祖皆從苦過來，聲光浩浩垂千古。朝辛苦，暮辛苦。賦性拙，勤可補。那事雖然本現成，也須福智為佐輔。〔註1〕苦娑婆，無不苦。火宅喻，君稔睹。〔註2〕藉此堪忍勵吾操，存心期與古人伍。舊年已辛苦，今年又辛苦。苦因緣，君薦取。薦取從前苦者誰，威音那畔無賓

〔註 1〕佛性雖然本有，但還是需要後天努力與福德積累才能夠體證到。
〔註 2〕人們已經體驗到了生如火宅之苦。

主。〔註3〕無賓主，有何累。〔註4〕為君歌，採茶去。西來大意滿茶山，眼辯手親無處避。〔註5〕昔日溈山勘仰山，仰山便撼茶樹意。〔註6〕者般節目豈難論，直須用去忘猜忌。〔註7〕理非理，事非事。〔註8〕一回碾碎紫龍團，習習清風生兩翅。〔註9〕脫然未透古人關，捩子寧許棲遲安。〔註10〕樂地好，光陰莫。虛棄此，去好看。經風耐雪黃金芽，烹來滿碗冰霜氣。〔註11〕

　　——淨現：《象田即念禪師語錄》卷四，《嘉興藏》第 27 冊，第 177 頁。

〔註3〕威音王那畔是佛境，已出離賓主分離之苦，唯有自在佛性。

〔註4〕賓主，指內心的分別業識，因為業心、無明，才陷入賓主之分。

〔註5〕想多無用，修多無用，不如專心放下，只採茶。既然專心，便是無心，無心則可感受滿山茶園之西來佛意，眼之所見，手之所觸，盡皆是解脫，盡皆是自性。

〔註6〕《五燈會元》卷九云：「師摘茶次，謂仰山云：『終日摘茶，祇聞子聲，不見子形。』仰山撼茶樹。師云：『子祇得其用，不得其體。』仰山云：『未審和尚如何？』師良久。仰山云：『和尚祇得其體，不得其用。』師云：『放子三十棒。』仰山云：和尚棒，某甲吃。某甲棒，阿誰吃？師云：『放子三十棒。』」

〔註7〕直心採茶，直心對答，便無分別猜忌心、妄想心。

〔註8〕理事圓融，本無二分，將之作為二分的，是人心分別。

〔註9〕得紫龍團茶之真味，身心輕盈，即可脫離。

〔註10〕不透禪關，心即不安。

〔註11〕採漫山黃金芽，吃一碗清涼意。

77 化施茶

〔清〕淨斯

題解

　　淨斯《化施茶》錄於《百愚禪師語錄》卷十九，見《嘉興藏》第 36 冊。此作乃因禪師向信眾化茶而作，以促成禪門茶事，共成盛舉。淨斯先以嘗先春紫雲、以兔毫盞飲北苑建茶引入，展現禪門吃茶之清雅事、出塵狀。而後說茶能除昏魔熱惱，明禪茶之大功德。最後點明禪茶是實際體驗，不是空口說茶；一切禪法，已盡體現在禪茶中，禪門弟子如能促成此茶事，實際已是共修共成，功德無量。

正文

　　紫雲堆裏，味得春先；〔註1〕兔毫盞中，香浮北苑。〔註2〕昏魔聞之而遠退，熱惱觸之而清涼。〔註3〕信手傾來，曷用望梅止渴；〔註4〕滿盤托出，不須鑿井求源。〔註5〕廣開甘露之門，普濟塵勞之眾。〔註6〕仰冀大檀，成此勝舉。〔註7〕

〔註1〕紫雲堆：大概是指製作烏龍茶或其餘茶時紫芽綠芽堆成一堆，色澤鮮亮分明，如雲堆。春先：即先春。茶詩中常說「摘得先春意」，乃早春茶，茶中品味先春之意。

〔註2〕兔毫盞盛北苑茶，更溢出上品茶香。

〔註3〕茶能除昏魔熱惱諸病。

〔註4〕信手拈來吃茶，實際體味，真實受用，絕非空口禪話。

〔註5〕盡將自性真義滿盤托出，各各現成，何須如鑿深井，另求源頭。

〔註6〕茶為甘露，能濟眾生之塵勞諸苦。

〔註7〕禪師希望各位檀越能有心有力促成茶事，享此功德。此作詳見清代淨斯：《百愚禪師語錄》卷十九，《嘉興藏》第 36 冊，第 705 頁。

78 茶榜

〔清〕雲峨行喜

題解

　　清代雲峨行喜所撰《茶榜》，錄於《雲峨喜禪師語錄》卷下，見《嘉興藏》第28冊。煎湯點茶是叢林日常生活的重要構成部分，而「茶榜」則是寺院舉行重大茶事活動時張貼的榜文，用以宣傳、慶賀、教化等。此《茶榜》大意是寺廟欲舉行修禪或慶典等大事，煎點茶湯是會中重點環節，理當重視。但不能只顧熱鬧，而忘了茶中參禪。行喜禪師在此《茶榜》中反覆講說：眾人之苦，盡是因為迷失於情關識鎖，以至於人們「閒忙盡叫，口乾舌渴」，故須深參此識心。至此茶會，正好「錘碎龍團，當道煎點」，借力參修，學習古人，「掇出趙老三杯，欣然請坐；吸竭盧仝七碗，掉臂便行」，從而展現出禪茶風骨，出離生死之苦，承當自性功德之大事業。此榜文直指自性迷失之根本，並借茶事而明參禪之用力處，並不限於只談禪茶之清雅高妙。

榜文

　　切以透脫情關〔註1〕，直截一條活路〔註2〕。抽開識鎖〔註3〕，當陽十字縱橫〔註4〕。但能足下無私，信知路頭不別。〔註5〕賢愚貴賤，各有所歸。士

〔註1〕人的一切作為均受制於凡情的束縛，掌控，故而凡情是開悟見性最難以逾越的重要關隘，稱作情關。

〔註2〕截斷凡情，超離凡情，不受凡情的控制，即綻放出靈動跳脫的自性智慧，是為活路。

〔註3〕「識鎖」即業識、心識，如鎖一般緊緊鎖著自心，覆蓋自性。

〔註4〕頓見春光，生機，於最難抉擇之十字街頭，也可任意縱橫。

〔註5〕如果於腳下行路時也能專純行路，無私欲遮蓋，便走什麼路都可順順暢暢，任心而發。

農工商，咸由此道。〔註6〕祁寒溽暑，往來曷辭？〔註7〕苦骨勞劬，風雨晴煙。〔註8〕閒忙盡叫，口乾舌渴。〔註9〕可憐心頭熱悶，不忍袖手傍觀。〔註10〕應須錘碎龍團，正好當道煎點。〔註11〕掇出趙老三杯，欣然請坐。吸竭盧仝七碗，掉臂便行。〔註12〕不特滋味殊深，大都清涼熱惱。雖則任我攔街把住，憑君自肯承當。〔註13〕休怪看客兩停，元來一般管待。〔註14〕莫向就中取則，方知功德難量。〔註15〕誰肯當前，共成斯事。〔註16〕

〔註6〕賢愚貴賤、士農工商，均可在自己所從事的領域，所專長的事情中尋到禪之真諦，禪在一切事中，專心，無分別心即是。

〔註7〕寒暑間，往來間，但不起分別抱怨，迷入人情，禪心自然時時相隨。

〔註8〕苦辛之中，也是等閒風雨，美景晴煙。

〔註9〕迷失者，忙也抱怨，閒也抱怨，忙也叫苦，閒也叫苦，當然口乾舌渴。

〔註10〕不忍見眾生心頭悶熱，陷入痛苦，故而全盤托出，講傳禪法。

〔註11〕當時「龍團」是先做成粉末狀而壓成團，是以煎點之前要撬開錘碎。此中也另含深意——錘碎、擊破心識情關之牽引，正好輕盈、如意、從容而煎點茶道。

〔註12〕禪茶從來灑脫，不拘場所人情。

〔註13〕師之引導、教化，只是一種助力，儘管將禪性禪法攤出於弟子面前，但最主要的還是自心要實際證取，真正自我承當。

〔註14〕對一切往來人眾都是一般講傳，無分別心。

〔註15〕但凡從中揀擇，想要尋找殊異之處，便是執著於心分別，故而不應就中取則。如此，才明白真正的功德難證得，難思量，而且是不可思量。

〔註16〕禪師發問：誰肯放下求取心，直下現前，從而承擔這大事因緣？全文詳見行喜：《雲峨禪師語錄》卷下，《嘉興藏》第28冊，第200頁。

79 漢上人施茶疏

〔清〕百癡

題解

　　百癡禪師所撰《漢上人施茶疏》錄於《百癡禪師語錄》卷二十三，《嘉興藏》第 28 冊。大意是「漢上人」為寺中施茶，百癡禪師藉此而撰文教導徒眾。一是說正好借煎茶明瞭禪法大意；二是說禪門大事，哪怕小至普茶，都需要眾人同心促成；三是於此茶中明悟凡所有事莫不是自性化用，施茶並不會令自家法性寶藏損耗半分。況且，禪茶之事，從來是趙州和尚禪意的延傳，在此時中，應學會照顧好當下，看好舌頭，看好心頭，於反觀、慶快處明悟自家功德。禪門茶道，儘管也很注重茶葉，但往往只是借茶而說道，如不處處落實於禪之修用，茶事經常就會失於口欲分別、計較得失。

正文

　　暑氣蒸人，道路往來不易。薰風匝地，庵亭憩芰猶多。擬為止渴結良緣，特借煎茶明大意。〔註1〕但積薪之費，獨力恐以難支。雪蕊之供，誠衷必先普告。〔註2〕隨豐寡從本有中拈出〔註3〕，毗耶藏庫無虧。歷晨昏向方便裏施行，

〔註1〕天氣暑熱，行路艱辛，人多被雜事凡塵薰染，如此境況，正好吃茶，解渴除勞，也正好借著煎茶事講說禪法大意。

〔註2〕積薪、雪蕊等所需非一人能承擔，故須普告大眾共同參與完成。

〔註3〕參與茶事，各人可按自己財物的多寡出力，而且禪師還上升到「從本有中拈出」，在施茶一事中參禪悟道，妙用佛性的高度來勸化諸人，說完成此事，並不會使自己的自性毗耶寶庫損失半分。——讓人明瞭自性無增減。

趙老家常仍舊。〔註4〕個個舌頭原在口，吃著應知看看。〔註5〕白汗忽通身慶快，何幸！即此是謂真功德，安用別求廣福田。〔註6〕

〔註 4〕施茶也是自性方便化用，是趙州禪茶的延續。

〔註 5〕人們多半就是吃茶時不知吃茶，吃飯不只是吃飯，顧不上照顧自身，所以就迷失於當下。

〔註 6〕此處所謂真功德，不僅僅是「白汗忽通身慶快，何幸」，更還有「個個舌頭原在口，吃著應知看看」的實際參究。吃茶慶快，只是觸受，轉瞬即逝，當不得真正超離。全文參考超宣等編：《百癡禪師語錄》卷二十三，《嘉興藏》第28 冊，第 122 頁。

80 募施茶引

〔清〕憨休如乾

題解

　　憨休《募施茶引》錄於張恂稚所編《憨休禪師敲空遺響》卷三，見《嘉興藏》第 37 冊。憨休如乾，西蜀龍州人，曾赴河南省汝州風穴寺拜謁雲峨行喜，先後住持興福寺、廣教寺、清福寺、敦煌寺、金粟寺等名剎，曾博學儒業，善書法。此文乃如乾在金粟寺撰，彼時正設施茶處，便號召眾人廣施茶葉，以促成此事。文章借施茶說功德，借吃茶說清涼；並說不論茶品茶種，均可接受，不作揀擇。從禪師隨口即說龍團雀舌、華頂蒙山，可知其善於茶事，更善於以茶說禪。

正文

　　汝南古號名邦，〔註1〕金粟新開勝地〔註2〕。門當孔道，路屬通衢。車馬往來之既多，商旅負戴之不少。雖祗桓有村，必甘露方獲清涼。〔註3〕奈瓢飲少泉，非茶湯曷能慰渴！〔註4〕欲置大尊〔註5〕於沖途〔註6〕，唯冀布金之長

〔註1〕強調河南汝南自古以來著名。

〔註2〕「金粟」即「金粟寺」，建成於康熙十年（1671）。憨休如乾撰寫此作時，當即在此寺住持。金粟之名，原因之一可能源於維摩詰，維摩詰前身為金粟如來。

〔註3〕茶湯甘露，才解渴，得清涼。

〔註4〕寺中茶少泉少，供不應求。

〔註5〕大尊，本為酒器名，六尊之一，此處指茶杯茶碗，引申為施茶。

〔註6〕沖途：通衢，大路。

者，不問龍團雀舌，但憑高士盈筐竭簋送來。〔註7〕至期華頂蒙山，亦任行人滿腹謳歌而去！〔註8〕

〔註 7〕不論龍團雀舌或其餘茶葉，但凡有者均可成筐成籮送來。

〔註 8〕華頂：當指天台華頂雲霧茶。蒙山：四川蒙頂茶。華頂蒙山之類，亦可提供施與行人品嘗，解渴，同樂。此文可查詢張恂稚編錄《憨休禪師敲空遺響》卷三，《嘉興藏》第 37 冊，第 263 頁。

81 茶亭化柴引

〔清〕憨休如乾

題解

　　《茶亭化柴引》錄於《憨休禪師敲空遺響》卷三，與前文《募施茶引》相呼應，一化茶，一化柴。歷代禪門，除卻較大寺廟可依賴出租田地、種植農產等自養，其餘多由信眾捐助扶持才能夠維繫，是以化茶、化柴竟成為一道景象。而且此類文章多融入禪門修持觀、禪茶觀，往往寫得禪意豐滿，神采飛揚，所以也可看到僧家禪茶之一斑。不過，也不排除某些寺廟其實非常富足，所謂號召徒眾布施不過是為了與眾人相互成就。在禪茶實踐中，布施也應該成為一個重要考量環節，有捨得心，開放心，不計較心，禪茶自然立於空無境界，當下即禪。如無需茶事布施，也當掃清內心，注重法布施。至於參與禪茶者，也須注重吃茶前後的內心清理，以通達、保任心內空空之境。於此，人心才會任由禪茶流入流出而無執念。

正文

　　夏日炎蒸，旅程迢遞。默林有望，渴思載道之人。〔註1〕甘露無施，痛惜如焚之苦。〔註2〕僧某願傾涓滴於枯腸，但乏柴薪於爨下。〔註3〕欲得釜翻雪浪，還他冷灶炊煙。〔註4〕大家拈出一莖，功超布金百倍。〔註5〕

〔註1〕由口渴延伸至渴望「載道之人」。
〔註2〕天熱口渴，無茶可吃，痛惜渴望。
〔註3〕已有僧人施茶，但缺少柴薪。
〔註4〕釜翻雪浪為煮茶狀，但因無柴，目前還是冷灶無煙。
〔註5〕希望眾人有心促成，成就吃茶此功德。此文可查詢張怡稚編錄《憨休禪師敲空遺響》卷三，《嘉興藏》第37冊，第263頁。

82 東茶頌

〔韓〕草衣意恂

題解

　　《東茶頌》在韓國茶道史上非常重要，有人甚至稱之為「韓國茶經」。此處《東茶頌》所依底本為韓國石悟本，其中部分習慣性表達，編者也據中國茶文化典籍做了少許校訂。作者草衣意恂（1786～1866），乃朝鮮王朝後期著名禪師，韓國禪茶體系的創始人。意恂 15 歲即出家，在海南大屯寺一枝庵修行 40 多年，且受教於丁若鏞，潛心修習茶道，倡導「茶禪一味」。於韓國茶道而言，其功勳有二：一是以中國茶道為底蘊創作《東茶頌》；二是抄錄張源《茶錄》，更名《茶神傳》後流行於韓國。由此，韓國茶道體系正式開啟。（至於《茶神傳》，此處不再收錄，參閱張源《茶錄》即可。）此《東茶頌》，基本典故、理念多取之於中國文化，有不少中國禪宗之內容，如李白荊州玉泉寺、唐覺林寺僧志崇製茶、傅大士蒙頂結庵植茶、東坡至僧院、玉浮臺上坐禪眾等典故，盡是禪家意味。當然也有一些屬於韓國的本土文化元素，如吟詠茶山先生《乞茗疏》，論「東國所產元相同」等內容。《東茶頌》版本較多，注解也非常龐雜。例如對頌文的分法，有的按七言體制，將 68 句頌文均分為 17首。頌文中確有數首絕句，但有的詩句明顯不是七字；而且，單純按照四句劃分，不但割裂了某前後幾句間的一體性，所得四句也不一定符合格律，單獨含義也往往不知所云。有的則又將《東茶頌》視為完整的、一體難分的整首詩歌。從其立意看來，《東茶頌》確實自有其貫穿內線，一體完整，只不過多闋多句之間有時迴旋跨度較大，抒寫也極為自由靈活。不管如何，今之絕

大多數學者、茶者，還是選擇以一體性為前提，而後據草衣的自注來界分、講解，即不論詩句多寡，以注釋為一節之末。如此而成 31 節，既可見《東茶頌》的整體意境，又能相對獨立、清晰地呈現頌文含義。本書即按此思路進行編錄。

頌文並注

東茶頌，承海道人命作，草衣沙門意恂。

后皇嘉樹配橘德，

受命不遷生南國。

密葉鬭霰貫冬清，

素花濯霜發秋榮。

姑射仙子粉肌潔，

閻浮檀金芳心結。

草衣注：茶樹如瓜爐，葉如梔子，花如白薔薇，心黃如金，當秋開花，清
　　　　香隱然云。

沆瀣漱清碧玉條，

朝霞含潤翠禽舌。

草衣注：李白云：「荊州玉泉寺，青溪諸山，有茗茶羅生，枝葉如碧玉，
　　　　玉泉真公常採飲。」

天仙人鬼俱愛重，

知爾為物誠奇絕。

炎帝曾嘗載食經，

草衣注：《炎帝食經》云：「茶茗久服，人有力悅志。」

醍醐甘露舊傳名。

草衣注：王子尚，詣曇齋道人於八公山，道人設茶茗。子尚味之曰：「此
　　　　甘露也。」羅大經《瀹湯詩》：「松風檜雨到來初，急引銅瓶離竹
　　　　爐。待得聲聞俱寂後，一甌春雪勝醍醐。」

解酲少眠證周聖，

草衣注：《爾雅》：「檟，苦茶。」《廣雅》：「荊巴間，採葉其飲醒酒，令人
　　　　少眠。」

脫粟伴菜聞齊嬰。

草衣注：《晏子春秋》：「嬰相齊竟公時，食脫粟之飯，炙三戈五卵，茗菜
而已。」

虞洪薦餽乞丹邱，〔註1〕

毛仙示藂引秦精。

草衣注：《神異記》：「餘姚虞洪，入山採茗，遇一道士牽三青牛，引洪至
布瀑山，曰：「予，丹邱子也。聞子善具飲，常思惠見。山中有
大茗，可相給。祈子他日有甌犧之餘，乞相遺也。」因莫祀後，
常令家人入山，獲大茗焉。宣城人秦精，常入武昌山採茗，遇一
毛人，長丈餘，引精至山下，示以叢茗而去。俄而復還，乃探懷
中橘，以遺精，精怖負茗而歸。

潛壤不惜謝萬錢，

草衣注：《異苑》：「剡縣陳務妻，少與二子寡居，好飲茶茗。以宅中有古
冢，每飲輒先祀之。二子患之曰：『古冢何知？徒以勞。』意欲
掘去之，母苦禁而止。其夜夢一人云：『吾止此冢三百餘年，卿
二子恒欲見毀，賴相保護，又享吾佳茗，雖潛壤朽骨，豈忘翳桑
之報。』及曉，於庭中獲錢十萬。」

鼎食獨稱冠六清〔註2〕。

草衣注：張孟陽《登成都樓詩》云：「鼎食隨時進，百和妙且殊。芳茶冠
六清，溢味播九區。」

開皇醫腦傳異事，

草衣注：隋文帝微時夢，神人易其腦骨，自爾腦痛。忽遇一僧云：「山中
茗草可治。」帝服之有效。於是，天下始知飲茶。

雷笑茸香取次生。

草衣注：唐覺林寺，僧志崇，製茶三品，待客以驚雷笑。自奉以萱草帶，
供佛以紫茸香雲。

〔註1〕餽〔xì〕：贈送（穀物食材類）之義。
〔註2〕「清」，原典記為「情」，當是抄錄過程中的舛錯，此處據張載《登成都樓》
　　　校訂為「清」。

巨唐尚食羞百珍，

沁園唯獨記紫英。

草衣注：唐德宗，每賜同昌公主饌，其茶有綠花紫英之號。

法制頭綱從此盛，

清賢名士誇雋永。

草衣注：《茶經》稱茶味「雋永」。

彩莊龍鳳轉巧麗，

費盡萬金成百餅。

草衣注：大小龍鳳團，始於丁謂，成於蔡君謨。以香藥合而成餅，餅上
　　　　飾以龍鳳紋。供御者，以金莊成。東坡詩云：「紫金百餅費萬
　　　　錢。」

誰知自饒真色香，

一經點染失真性。

草衣注：《萬寶全書》：「茶自有真香，有真色，有真味。一經點染，便失
　　　　其真。」

道人雅欲全其嘉，

曾向蒙頂手栽那。

養得五斤獻君王，

吉祥蕊與聖楊花。

草衣注：傅大士，自往蒙頂結庵植茶。凡三年，得絕嘉者，號聖楊花、吉
　　　　祥蕊。共五斤，持歸供獻。

雪花雲腴爭芳烈，

雙井日注喧江浙。

草衣注：東坡詩：「雪花雨腳何足道。」山谷詩：「我家江南摘雲腴。」東
　　　　坡至僧院，僧梵英，葺治堂宇，比舊加嚴潔，茗飲芳烈。問：「此
　　　　新茶耶？」英曰：「茶性新舊交則香味復。」草茶盛於兩浙，兩
　　　　浙之品，日注為第一。自景祐已後，洪州雙井白芽漸盛，近歲製
　　　　作尤精，其品遠出日注上，遂為草茶第一。

建陽丹山碧水鄉，

品題特尊雲澗月。

草衣注：避齋閒覽，今建安茶為天下第一，孫憔送茶焦刑部書：「晚甘候
　　　　十五人，遣侍齋閣。此徒皆乘雷而摘，拜水而和，蓋建陽丹山碧
　　　　水之鄉，月澗雲龕之品，慎勿賤用之。」晚甘候茶名。茶山先生
　　　　《乞茗疏》云：「朝華始起，浮雲矗矗於晴天。午睡初醒，明月
　　　　離離於碧澗。」

東國所產元相同，

色香氣味論一功。

陸安之味蒙山藥，〔註3〕

古人高判兼兩宗。

草衣注：《東茶記》云：「或疑東茶之效不及越產，以余觀之，色香氣味
　　　　少無差異。」《茶書》云：「陸安茶，以味勝；蒙山茶，以藥勝；
　　　　東茶蓋兼之矣。若有李贊皇陸子羽，其人必以余言為然也。」

還童振枯神驗速，

八耋顏如天桃紅。

草衣注：李白云：「玉泉寺真公，年八十餘歲，顏色如桃花。」而此茗清
　　　　香滑，熟異於他者。所以能還童振枯，而令人長壽也。

我有乳泉，挹成秀碧百壽湯。

何以持歸，木覓山前獻海翁。

草衣注：唐蘇廙著《十六湯品》　第三曰：「百壽湯，人過百息，水踰十
　　　　沸，或以話阻，或以事廢。始取用之，湯已失性矣，敢問皤鬢蒼
　　　　顏之大老還可執弓挾矢以取中乎？還可雄登闊步以邁遠乎？」
　　　　第八曰：「秀碧湯，石凝結天地秀，氣而賦形者也。琢以為器，
　　　　秀猶在焉，其湯不良，未之有也。」近酉堂大爺，南過頭輪，一
　　　　宿紫芋山房，嘗其泉曰：「味勝酥酪。」

〔註3〕「陸安」，蓋草衣及韓國抒寫習慣，按中國茶典籍及今地名、茶名，則應寫為
　　　　「六安」。

又有九難四香玄妙用，

草衣注：《茶經》云：「茶有九難：一曰造，二曰別，三曰器，四曰火，五
曰水，六曰炙，七曰末，八曰煮，九曰飲。」陰採夜焙，非造也。
嚼味嗅香，非別也。膻鼎腥甌，非器也。膏薪庖炭，非火也。飛
湍壅潦，非水也。外熟內生，非炙也。碧粉縹塵，非末也。操艱
攪遽，非煮也。夏興冬廢，非飲也。《萬寶全書》云：「茶有真香，
有蘭香，有清香，有純香。表裏如一曰純香，不生不熟曰清香，
火候均停曰蘭香，雨前新具曰真香。此謂四香。」

何以教汝玉浮臺上坐禪眾？

草衣注：智異山，花開洞，茶樹羅生，四五十里。東國茶田之廣，料無過
此者。洞有玉浮臺，臺下有七佛禪院，坐禪者常晚取老葉，曬乾
然柴煮鼎，如烹菜羹，濃濁色赤，味甚苦澀。政所云：「天下好
茶，多為俗手所壞。」

九難不犯四香全，

至味可獻九重供。

翠濤綠香繞入朝，

草衣注：《茶譜》小序曰：「甌泛翠濤，碾飛綠屑。」《萬寶全書》云：「茶
以青翠為勝，濤以藍白為佳，黃黑紅昏，俱不入品。雲濤為上，
翠濤為中，黃濤為下。」陳眉公詩云：「綺陰贊蓋，靈草試奇。
竹爐幽討，松火怒飛。水交以淡，茗戰而肥。綠香滿路，永日忘
歸。」

聰明四達無滯壅。

矧爾靈根托神山，

草衣注：智異山世稱方丈。

仙風玉骨自另種。

綠芽紫筍穿雲根，

胡靴犎臆皺水紋。

草衣注：《茶經》云：「上者生爛石，中者生礫壤。」《萬寶全書》云：「產
穀中者為上，花開洞茶田，皆穀中兼爛石矣。」《萬寶全書》又
言：「茶芽紫者為上，面皺者次之。」《茶經》云：「綠者次，筍

者上，芽者次，如胡人靴者蹙縮然，犎牛臆者廉襜然，輕飆拂水
者涵澹然，此皆茶之精腴也。」

吸盡瀼瀼清夜露，

三昧手中上奇芬。

草衣注：《茶書》云：「採茶之候，貴及其時。太早則味不全，遲則神散。
以穀雨前五日為上，後五日次之，再五日又次之。」然而予驗
之，東茶穀雨前後太早，當以立夏后為及其時也。其採法，微夜
無雲，浥露採者為上。日中採者次之。陰雨中不宜採。東坡《送
南屏之謙師》詩曰：「道人曉出南屏山，來試點茶三昧手。」

中有玄微妙難顯，

真精莫教體神分。

草衣注：《造茶篇》云：「新採，揀去老葉及枝梗碎屑，鍋廣二尺四寸，將
茶一斤半焙之。候鍋極熱，始下茶急炒。火不可緩，待熟方退
火，撤入篩中輕團數遍，復下鍋中。漸漸減火，焙乾為度。中有
玄微，難以言顯。」《品泉篇》云：「茶者水之神，水者茶之體，
非真水莫顯其神，非精茶曷窺其體。」

體神雖全猶恐過中正，

中正不過健靈並。

草衣注：《泡法》云：「探湯純熟，便取起，先注少許壺中，祛蕩冷氣傾
出，然後投茶。茶多寡宜酌，不可過中失正。茶重則味苦香沉，
水勝則包清氣寡。兩壺後，又用冷水蕩滌，使壺涼潔，不則減茶
香矣。罐熟，則茶神不健；壺清，則水性常靈。稍俟茶水沖和，
然後分曬布飲，曬不宜早，飲不宜遲。早則茶神未發，遲則妙馥
先消。」評曰：「採盡其妙，造盡其精，水得其真，泡得其中。
體與神相和，健與靈相併，至此而茶道盡矣。」

一傾玉花風生腋，

身輕已涉上清境。

草衣注：陳簡齋《茶詩》云：「嘗此玉花勻。」盧玉川《茶歌》云：「唯覺
兩腋習習清風生。」

明月為燭兼為友，

白雲鋪席因作屏。

竹籟松濤俱簫涼，

清寒瑩骨心肝惺。

惟許白雲明月為二客，

道人座上此為勝。

　草衣注：飲茶之法，以客少為貴，客眾則喧，喧則雅趣乏矣。獨啜曰神，

　　　　　二客曰勝，三四曰趣，五六曰泛，七八曰施也。

附韓國茶詩二首

一、跋東茶頌〔註4〕

〔韓〕白坡居士

草衣新試綠香煙，禽舌初纖穀雨前。

莫數丹山雲潤月，滿鍾雷笑可延年。

二、留草衣禪師

〔韓〕金正喜〔註5〕

眼前白吃趙州茶，手裏牢拈梵志華。

喝後耳門軟個漸，春風何處不山家。

〔註 4〕原為《東茶頌》跋語，此處單獨列為附錄。

〔註 5〕金正喜（1786～1856），韓國儒學大家，與丁若鏞同時。

83 禪林象器茶箋

〔日〕道忠無著

題解

　　此文從《大藏經補編》第 19 冊所收《禪林象器箋》中擇出。《禪林象器箋》，日僧道忠無著（1653～1744）編，日寬保元年（1741）刊行。凡二十卷，共分二十九類，計一七二四條，其內容主要為搜集百丈懷海古清規以下各清規有關禪林之規矩、行事、機構、器物等。其中有不少涉及禪門茶制者，編者將之摘編後名為《禪林象器茶箋》。道忠無著，道忠為名，無著為號，住持妙心寺，乃日本江戶時期臨濟宗之代表學僧。此箋主要涉及禪門對茶道、茶制、茶公案等內容的記錄與闡釋，代表了傳統禪門對茶的基本理解和套路，是研究中日禪茶文化的珍貴資料。

菖蒲茶第一

　　《敕修清規》月分須知云：五月端午日，早晨，知事僧堂內燒香，點菖蒲茶。

　　忠曰：居家，此日飲菖蒲酒。僧家以茶代之，准世禮也。

　　瞿祐《四時宜忌》云：五月五日，午時，飲菖蒲雄黃酒，辟除百疾，而禁百蟲。

　　《月令廣義》：五月令云。

　　《神農書》曰：午日以菖蒲，或縷或屑，泛酒，助陽氣延年。以山澗九節者，佳。

　　《笑談錄》：五日，菖蒲末，酒服。亦解酒，痛飲不醉。

茱萸茶第二

忠曰：世典，有九日佩茱萸，飲菊花酒之說。其點茱萸於茶，卻見於禪策。

《敕修清規》月分須知云：九月重陽日，早晨，知事燒香，點茱萸茶。

《北磵簡禪師詩集・九日詩》云：「瓦鼎松聲漲苦茶，替杯中物泛茱萸。白衣不識緇衣客，自擷寒英插古壺。」

《西巖慧禪師開善錄》：重陽上堂云：孟嘉已前，淵明去後，誰家籬畔欠黃花？那個杯中無白酒？重陽只是九月九。阿呵呵。始信茱萸茶苦澀，展眉人少皺眉多。

《南堂欲禪師靈巖錄》：上堂云：今朝九月九，萬物隨時候。滿泛茱萸茶，何用菊華酒。畢竟醉兀兀，不似長醒醒。（云云）

《鏡堂圓禪師建仁錄》：重陽上堂云：紫萸滿泛趙州茶，清香直透頂門烈。

《西京雜記》云：戚夫人侍兒賈佩蘭，後出為扶風人段儒妻。說：在宮內時，九月九日，佩茱萸，食蓬餌，飲菊花酒。令人長壽。

《琅邪代醉編》云：重陽佩茱萸囊，相傳費長房故事。然武帝宮人賈佩蘭，佩茱萸，食蓬餌，飲菊花酒，則西漢時已有此俗，不自長房始也。見《西京雜記》。

茶末第三

《敕修清規》日用軌範云：不得包藏茶末。

忠曰：細末茶也。言不可未行湯已前，包末茶而懷之也。

《文公家禮》云：古人飲茶用末。所謂點茶者，先置末茶於器中，然後投以滾湯。（詳點茶處）

《雲門偃禪師錄》云：因園頭請師吃茶。師云：儞若煎茶，我有個報答儞處。園頭云：請師報答。師云：多著水，少著末。

點茶第四

《敕修清規》：新命辭眾上堂。茶湯云：山門首，預釘掛帳設，中敷高座向內，首座向外攝，居主位。（乃至）上首知事行禮。揖坐揖香，歸位點茶，收盞。再起燒香揖香，歸位點湯。湯罷，起謝，上轎。

《文公家禮》云：主婦執茶筅。執事者，執湯瓶。隨之，點茶。蓋以神主櫝前，先設盞托。至是乃注湯於盞，用茶筅點之耳。古人飲茶用末，所謂點茶

者，先置末茶於器中，然後投以滾湯，點以冷水，而用茶筅調之。今人燒湯煎葉茶，而此猶云點茶者，存舊也。

宋蔡襄《茶錄》曰：點茶。茶少湯多，則雲腳散。湯少茶多，則粥面聚。（建人謂之雲腳、粥面。）鈔茶一錢七，先注湯，調令極勻又添注入，環回擊拂。湯上盞可四分則止。視其面色，鮮白。著盞無水痕，為絕佳。建安鬪試，以水痕先者為負，耐久者為勝。故較勝負之說曰：「相去一水兩水。」

宋徽宗《大觀茶論》曰：點茶不一。而調膏繼刻，以湯注之，手重筅輕，無粟文蟹眼者，調之靜麵點。蓋擊拂無力，茶不發立，水乳未浹，又復增湯，色澤不盡，英華淪散，茶無立作矣。有隨湯擊拂，手筅俱重，立文泛泛。謂之一發點。蓋用湯已過，指腕不圓，粥面未凝，茶力已盡，雲霧雖泛，水腳易生。妙於此者，量茶受湯，調如融膠。環注盞畔，勿使侵茶。勢不欲猛，先須攪動茶膏，漸加擊拂。手輕筅重，指繞腕旋，上下透徹，如酵蘖之起面。疏星皎月，粲然而生，則茶之根本立矣。第二湯自茶面注之，周回一線。急注急止，茶面不動，擊指既力，色澤漸開，珠璣磊落。三湯多寡如前，擊拂漸貴輕勻，同環旋轉，表裏洞徹，粟文蟹眼，泛結雜起，茶之色，十已得其六七。四湯尚嗇，筅欲轉稍，寬而勿速，其清真華采，既已煥發，雲霧漸生。五湯乃可少縱，筅欲輕勻而透達。如發立未盡，則擊以作之。發立已過，則拂以斂之。然後結靄凝雪，茶色盡矣。六湯以觀立作，乳點勃結，則以筅著居，緩繞拂動而已。七湯以分輕清重濁，相稀稠得中，可欲則止。乳霧洶湧，溢盞而起，周迴旋而不動，謂之咬盞。宜勻其輕清浮合者飲之。《桐君錄》曰：「茗有餑，飲之宜人。」雖多不為過也。

特為茶第五

忠曰：特為此人點，故曰特為茶。

《敕修清規》堂司特為新舊侍者茶湯云：「請新舊侍者特為茶。」

普茶第六

忠曰：點茶，普及一眾，故曰普茶。

《黃檗清規》云：常住設普茶。

入寮茶第七

忠曰：新入眾寮，為眾點茶也。

《敕修清規》：新掛搭人，點入寮茶云：新掛搭人。入寮後，照例，納陪寮錢若干。候寮元，輪排當在何日。掛點茶牌。報眾（云云）。候點入寮茶畢，寮元逐日依戒具名，點戒臘茶。

戒臘茶第八

見入寮茶處。

忠曰：寮元依眾戒臘。自上位，次第請於眾寮。點茶，蓋眾多，不可一時講。故逐日行之也。〔註1〕

滌隨眠於九結，破昏滯於十纏。

茶湯第九

忠曰：凡佛前、祖前、靈前，每日供茶湯，為恒禮。

宋劉敬叔《異苑》云：剡縣陳務妻，少與二子寡居。好飲茶茗，宅中先有古冢，每日作茗飲，先輒祀之。二子患之曰：「古冢何知，徒以勞祀。」欲掘去之。母苦禁而止。及夜，母夢。一人曰：「吾止此冢二百餘年，謬蒙惠澤。卿二子恒欲見毀，賴相保護。又饗吾佳茗，雖泉壤朽骨，豈忘翳桑之報。」遂覺。明日晨興，乃於庭內，獲錢十萬。似久埋者，而貫皆新。提還告其兒，兒並有慚色。從是禱酹愈至。〔註2〕

湯瓶第十

忠曰：銅瓶盛滾湯，以為點茶點湯之用。

《敕修清規》專使特為新命煎點云：行茶徧，瓶出，如前問訊，收住持盞。又新掛搭人，點入寮茶云：行茶遍，瓶須從穿堂入。

《文公家禮》云：執事者，執湯瓶，隨之點茶（詳飲啖門，點茶處）。

茶筅第十一

《字彙》云：筅同筅，筅蘇典切，音銑。筅箒，飯具。

《正字通》：為筅與筅別（止此），然則筅俗用，正作筅。

《文公家禮》云：茶筅之製，不見於書傳，惟元謝宗可有詠茶筅詩。味其所謂「此君一節瑩無瑕，夜聽松風漱玉華。萬縷引風歸蟹眼，半瓶飛雪起

〔註1〕《禪林象器箋》第廿五類・飲啖門，《大藏經補編》第19冊。
〔註2〕《禪林象器箋》，《大藏經補編》第19冊。

龍牙」之句。則其形狀，亦可彷彿見矣。或謂茶筅，即蔡氏《茶錄》所謂茶匙。非是。

　　陸羽《茶經》有茶具十六事，其中有歸潔。注云：竹筅箒也。

　　宋徽宗《大觀茶論》云：茶筅，以觔竹老者為之。身欲厚重，筅欲疏勁。本欲壯而末必眇，當如劍瘠之狀。蓋身厚重，則操之有力，而易於運用。筅疏勁，如劍瘠，則擊拂雖過，而浮沫不生。

　　《漁隱叢話》云：韓子蒼，謝人寄茶筅子詩云：「看君眉宇真龍種，猶解橫身戰雪濤。」盧駿元亦有此詩云：「到底此君高韻在，清風兩腋為渠生。」皆善賦詠者，然盧優於韓。

建盞第十二

　　忠曰：中華建安所造茶盞，此方學製者，皆亦名建盞。

　　宋蔡襄《茶錄》云：茶色白，宜黑盞。建安所造者，紺黑，紋如兔毫。其杯微厚，燁之，久熱難冷，最為要用。出他處者，或薄或色紫，皆不及也。其青白盞，鬥試自不用。

　　《約翁儉禪師錄》：次西㵎和尚謝太守惠建盞韻頌云：提起玻璨〔註3〕已再三，分明垂釣在深潭。舌頭若具通方眼，一啜方回苦口甘。

空盞第十三

　　舊說曰：不盛茶湯之盞，曰空盞，非器通名。

　　《敕修清規》大掛搭歸堂云：寮主相接入門，對觸禮一拜，敘寒溫畢，分手坐，獻空盞。

托子第十四

　　忠曰：托子，承茶盌器也。

　　李濟翁《資暇錄》云：茶托子，始建中，蜀相崔寧之女，以茶杯無襯，病其熨指。取楪子承之，既啜而杯傾。乃以蠟，環楪子之央，其杯遂定。即命匠以漆環代蠟，進於蜀相。蜀相奇之，為制名，而話於賓親。人人為便，用於代。是後傳者，更環其底，愈新其制。以至百狀焉。（貞元初，青鄆油繒為荷葉形，以襯茶椀，別為一家之楪，今人多云托子始此。非也。蜀相，即今升平崔家，訊則知矣。）

〔註3〕此字原稿中不辨，極有可能是「玻璨」之「璨」字，以描繪茶盞的剔透。

呂毖《事物初略》云：唐德宗建初中，崔寧之女，以金盞啜茶。盞熱，痛其指。乃取楪子，承其盞。既啜而傾，又以蠟環楪子中坐之，盞遂定穩，不搖。因遣匠者以漆環易蠟。寧奇之，乃製為托子，以行於世。此托子之始也。

托子，亦作橐子。（蓋假字非正）《聯燈會要》松山和尚章云：師與龐居士吃茶次，士拈起橐子云：人人盡有分，因甚麼道不得？師云：只為人人有分，所以道不得（云云）。又趙州諗禪師章云：僧問：如何是佛法大意？師云：這橐子，是大王送來。

《五燈會元》扣冰澡先古佛章云：應閩主之召，延居內堂敬拜曰：「謝師遠降。」賜茶次。師提起橐子曰：「大王會麼？」曰不會。曰：「人王法王，各自照了。」

曲盆第十五

忠曰：大圓盆，盛茶盞數個。日本禪林，此名曲盆。凡特為之外，用此器，行茶盞也。

圓盤第十六

忠曰：蓋曲盆也。

大鑒〔註4〕清規栴檀林須知曰：凡取點茶之湯，只沙彌喝食入。取茶盞及臺，並圓盤、盆、湯瓶，係副寮管領。

〔註4〕最有名的大鑒禪師是「惠能」，然此處大鑒指元代僧人清拙正澄（1274～1339年），其人撰《大鑒清規》一卷，收錄於《大正藏・續諸宗部》。

84 吃茶養生記

〔日〕榮西

題解

　　此作以《大藏經補編》第 32 冊所錄為底本，同時以千宗室編《茶道古典全集》第二卷所收，淡交新社昭和 33 年刊本為參校。《吃茶養生記》乃日僧榮西（1141～1215）撰。榮西亦作「容西」，被稱為日本臨濟宗初祖。14歲出家，先修天台密教，後兩次入宋修禪並將所學禪法傳入日本。更從中國帶回茶樹種子栽培，普及飲茶之法，故以日本「茶祖」而聞名。《吃茶養生記》在日本茶文化中很具代表性。大致理路是極力渲染茶在佛教養生、修行中的重要功能。榮西開篇便將茶提升到了「養生之仙藥，延齡之妙術」的高度。在此文上卷，榮西主要探討五藏、五味、五佛之間的對應關係，從茶之苦味與肝臟苦性乃至五臟及諸佛的對應關係中證明「茶」不但可以養生，還深含佛法，其文帶有極強的禪法、密法思維與內容。下卷則展開談以「桑方」「茶飲」來治療種種疾病。茶未必真有榮西所說那樣神奇，但此文的基本思路，能夠代表中日大部分禪茶倡導者的基本理念，即將茶賦予養生屬性乃至信仰屬性。

序〔註1〕

茶也，（也下壽本〔註2〕有末代二字）〔註3〕養生之仙藥也，（也字傍原本〔註4〕有假名八字，今改為句點。壽本無也字，而有人倫二字。）延齡之妙術也。山谷生之，其地神靈也；人倫採之，其人長命也。天竺、唐土同貴重之，我朝日本曾（曾壽水作昔）嗜愛矣。（矣壽本作之）古（古原本作吉，今據群本〔註5〕。）今奇特仙藥也，（古以下七字壽本作從昔以來自國他國俱尚之，今更可指乎況末量養生之良藥也廿五字。）不可不摘乎。（摘乎二字壽本作斟酌矣三字）

謂劫初，人與天人同，（人以下五字壽本作「時人四大地肉、骨水、血火、暖氣風動，作力堅固與諸天身同」廿三字。）今人漸下漸弱，四大五藏〔註6〕如朽。（今以下十二字壽本作「末世時人，骨肉怯弱如朽木矣」。）然者，（然者二字壽本無）針灸並傷，（傷壽本作痛）湯治亦不應乎！若好（詳本作如）此（此字壽本作其）治方者，漸弱漸竭，不可不（不字壽本無）怕者歟！昔醫方不添削而治，今人斟酌寡者歟！（昔以下十五字壽本無）

伏惟天造萬象，造人以（以字壽本在像下）為貴也。人保一期，（期下壽本有以字）守命（命下群本有以字）為賢也。其保一期之源（源上壽本有根字）在於（於壽本無）養生，其示養生之術（術下壽本有計字）可安五藏。（壽本注云肝心脾肺，又藏作髒，下同。）五藏中，心藏為王（群本作主）乎。建立心藏（壽本作心藏建立）之方，吃茶是妙術也。厥（厥下壽本有忘字）心藏弱（弱字壽本無）則五藏皆生病。（皆以下三字壽本作無力也，忘五藏則身命有厄乎十二字。）

〔註1〕此序在原錄本中置於「卷上」之首，然考其內容用意，實為總序，故按常規單獨列出。原序之下，本有「吃茶養生記卷上序（卷下群本有之字，序字群本無）入唐前權僧正法印大和尚位（榮西）錄（前以下十字壽本作律師二字）」諸字，置於此處補注。

〔註2〕壽本，原注稱：「壽本奧書」，承元五年（辛未）正月三日無言行法之次酉染筆謹書之。權律師法橋上人位榮西。壽本，鎌倉扇谷壽福寺藏，南北朝頃寫。承元五年正月三日榮西初稿本。（校訂史料綱纂掛影寫本用）

〔註3〕因原本記錄舛錯較多，此處列考注本於上。

〔註4〕原本，原注稱：「原本奧書」寫本云：寬喜元年（己丑）六月十七日午時，從南無佛戲笑時、歌詠時、鬪諍時、人作祭時（已上四時也），永仁五年六月十九日於磯長僧坊中房二階書寫畢。宗明，為利益眾生也。此書御覽，人人必必唱念佛十遍，迴向法界眾生，自他同成無上道矣。原本，東京帝國大學文科大學藏。

〔註5〕關於「群本」，《吃茶養生記》末有附注，云：「群本奧書」右吃茶養生記以白蓮社空阿藏本書寫遂一校畢。吃茶養生記。群本：群書類從第三百六十八，建保二年正月日榮西再治本。

〔註6〕按今國人表達當為「髒」，此處仍據日古本原貌為「藏」。

　　寔〔註7〕印土耆婆往而（而下壽本有隔字）二千餘年，末世之血脈誰診（診壽本作問）乎？漢家神農隱而（而下壽本有送字）三千餘歲，近代之藥味詎理乎？然則無人於詢（傍訓原本作今，據群壽兩本。）病相，徒忠徒危（危原本及壽本作厄，今從群本。）也。

　　有誤於請治方，空灸（灸壽本改失恐非）空損也。偷聞今世之醫術則含藥而損心地，病與藥乖故也。帶灸而（而壽本作即）夭身命，脈與（與原本無，今據群本、壽本作而。）灸戰故也。

　　不如訪大國之風，示近代治方乎。仍立二門，示末世病相，留贈（贈群本作賜）後昆，（昆壽本作□）共利群生矣。

　　於時建保二年（年群本無）甲戌歲（歲群本無）春正月日（建以下十一字壽本作承元五年辛未歲春正月一日十二字。應知壽本是初稿本，而原本及群本是二年後之再治本。）謹敘。

卷上〔註8〕第一五藏和合門

一、五藏和合義〔註9〕

　　第一五藏和合門者，《尊勝陀羅尼破地獄法（法字壽本作儀軌二字）秘鈔》云：一肝藏好酸味，二肺藏好辛味，三心藏好苦味，四脾藏好甘味，五腎藏好醎味。又以五藏充五行，（木火土金水也）又充五方。（東南西北中也，群本作東西南北中也。）

　　肝，東也，春也，木也，青也，魂也，眼也。
　　肺，西也，秋也，金也，白也，魄也，鼻也。
　　心，南也，夏也，火也，赤也，神也，舌也。
　　脾，中也，四季末（末壽本作終）也，土也，黃也，志也，口也。
　　腎，北也，冬也，水也，黑也，想也，骨髓也，耳也。

　　此五藏受味不同，（同下壽本有一藏二字）好味多入則其藏強，克傍藏，互生病。其辛酸甘醎（醎下壽本有之字）四味恒有而（而壽本作之）食之，苦味恒無，故不食之。是故四藏恒強，心藏恒弱，故恒（恒群本無）生病。（病下壽本注云：其

〔註7〕「寔」今為「實」。
〔註8〕此處之上下卷，為求清晰易讀，遂按「卷上第一五藏和合門」「卷下第二遣除鬼魅門」分。
〔註9〕此標題據原題「第一五藏和合門者」加。

病日本名云心助也。）若心藏病時，一切味皆違，食則吐之，動不食。（食下壽本有萬物二字）今吃（吃壽本作用）茶則心藏強，無病也。（心以下六字壽本作治心藏為令無病也八字）可知心藏有病時，人皮肉之（之字壽本無）色惡，運命依此減也。日本國不食苦味乎？（日以下八字壽本作自國他國調菜之味同之皆以缺苦味乎十六字）但大國獨（獨字壽本無）吃茶，故（故字壽本作我國不吃茶大國人八字）心藏無病，亦長命也。（也字壽本作不得長病羸瘦乎七字）我國多（多群本作與）有病瘦人，（多以下五字壽本作人心藏有病多長病羸瘦乎十一字）是不吃茶之所致也。若人（人下壽本有五藏不調四字）心神不快，爾（爾壽本無）時必可（可壽本無）吃茶調心藏，除愈萬病矣。心藏快之時，諸藏雖有病，不強痛也。又《五藏曼荼羅儀軌鈔》云：（云字壽本無）以秘密真言治之。

肝，東方阿〔註10〕閦佛也，又藥師佛也，金剛部也。即結獨古（古群本作鈷）印，誦（誦原本作訓今從群壽兩本）𑖀（梵字群本作梵怛羅字）字真言，加持肝藏，永無病也。

心，南方寶生佛也，虛空藏也，即寶部也。即結寶形（群本壽本形下有印字），誦𑖀（梵字下壽本有怛羅字三字，群本作梵乞里字）字真言，加持心藏，則無病也。

肺，西方無量壽佛也，觀音也，即蓮華部也。（群本也下有即字）結八葉印，誦𑖀（梵字下壽本有乞里字三字，群本作梵吽字）字真言，加持肺藏，則無病也。

腎，北方釋迦牟尼佛也，彌勒也，即羯摩（群本摩作磨）部也。（群本也下有即）結羯磨（磨壽本作摩）印，誦𑖀（梵字下壽本有惡字二字）字真言，加持腎藏，則（則壽本無）無病也。

脾，中央大日如來也，般若菩薩也，佛部也。結五古（古群本作鈷）印，誦𑖀（梵字下壽本有鑁字二字）字真言，加持脾藏，則（則壽本無）無病也。

此五部加持，則內之治方（方壽本作術）也，五味養生，則外療（群本療作病）治（治壽本作持，而傍有治歟二字）也。內外相資，保身命也。

其五味者：

酸味者，是柑子橘柚（柚下壽本有酢字）等也。

辛味者，是薑胡椒高良薑等也。（群本無也）

〔註10〕此本原文被誤作「何」，今改。

甘味者，是砂糖等也，又一切食以甘為性也。（又以下九字壽本無）

苦味者，（群本者下有是）茶青木香等也。

醎味者，是鹽等也。

心藏是五藏之（之壽本無）君子也，茶是苦（苦字壽本無）味（味下壽本有之字）上首也，苦味是諸味（味下壽本群本有之字）上首（首群本作味）也，因茲心藏愛此味。心藏興則（心以下四字壽本作以此味建立此藏七字）安諸藏也。若人眼有病，可知肝藏損也，（群本也下有以）酸性藥可治之。（群本之下有若）耳有病，可知腎藏損也，以醎（群本醎下有性）藥可治之。鼻有病，可知肺藏損也，以辛性藥可治之。舌有病，可知心藏損也，以苦性之（群本無之字）藥可治之。口有病，可知脾藏之損也，以甘性藥可治之。若身弱意消者，可知亦（群本作又）心藏之損也，頻吃茶則氣力強盛也。其茶功能並採調時節載左，有六個條矣。

二、茶之六條〔註11〕

一茶名字〔註12〕

《爾雅》曰：檟，苦茶，（爾上群本有檟字。檟苦茶，群壽兩本檟八苦茶ナリト牒ム，似是）。一名茐（茐下群本有冬蓁二字注，□注有按茐今本不見六字）。一名茗。早採者云茶，晚採者雲茗也。西蜀人名曰「苦茶。」（西蜀國之名也）

又云：成都府，唐都（群本無都字）西五千里外，諸（外諸二字壽本作有此處一切七字）物美也，茶亦（亦壽本作必，群本作又。）美也。

《廣州記》曰：皋盧（茶也），一名茗。

廣州，宋朝南，在五千里外，即（外即二字壽本作有此處三字）與崑崙國相近。崑崙國亦與天竺相鄰，（相近以下十一字壽本作並人竺相近五字）即（即壽本無）天竺貴物傳於廣州，（傳以下四字壽本作生於此三字）依土宜美，茶亦（群本作又）美也。此州無雪霜，溫暖，冬不著綿衣，是故茶味美也。（群本也下有茶字壽本有仍字）美名云皋盧也。（群本無也字）此州瘴熱之地也，北方人到，十之九厄。（厄群本作危）萬物味美，故人多侵。然者食前多（多壽本無）吃檳榔子，（子下壽本有客人強多吃之六字）食後多（多壽本無）吃茶，客人（人下壽本有來字）強多令吃，為不令身心損壞也。仍（仍下壽本有貴重二字）檳榔子與茶，極貴重（極貴重三字壽本無）矣。

《南越志》曰：過羅。（茶也）（也群本無，更有茗苦澀謂之過羅六字注。）一名茗

〔註11〕此標題根據上文「其茶功能並採調時節載左，有六個條矣」加，以利條理清晰。

〔註12〕原注文「一以下四字壽本作一者吅名字章六字」，置此處。

陸羽（羽壽本作州）《茶經》曰：茶有五種名。一名茶（茶下群本有早取謂之四字注），二名檟（檟下群本有周公謂之四字注），三名蔎（蔎下群本有南人謂之四字注），四名茗（茗下群本有晚取謂之四字注），五名荈（加茆為六）。

魏王《花木志》曰：茗（云々）（群本茗下有葉也二字）。

二茶樹形花葉形〔註13〕

《爾雅注》曰：樹小似梔子木，云（群本木下有葉其色白四字）

《桐君錄》曰：茶花（花群一本作葉），狀如梔子花，其色白。云云。（群本無花其色白云云六字）

《茶經》曰：葉似梔子葉花白如薔薇也。（也下壽本群本有云云二字。群本云々下有注云實如栟櫚蔕如丁香如胡桃。）

三茶功能〔註14〕

《吳興記》曰：烏程縣西有溫山，出御荈。云云。（群本願注云按茶經荈作荈。壽本無云云二字）是云供御也（也下壽本有君子召物皆名稱供御九字）貴哉（哉下壽本有茶乎二字，群本無貴哉二字。）

《宋錄》曰：此甘露也，何言茶茗焉。（焉群本作云云二字，原本焉字傍有假名二不審。）

《廣雅》曰：其飲茶醒酒，令人不眠。云云。（云下壽本有眠萬病之根源也無病不眠十一字）

《博物志》曰：飲真茶，令（群本令下有人字）少（少壽本作小）眠睡。云云。眠（眠下壽本有者字）令人昧劣也，亦眠病也。（昧以下七字壽本作鈍根二字）

《神農食經》曰：茶茗宜久服，令人有（群本有下有力字）悅志。云云。

《本草》曰：茶味甘苦，微寒，無毒，服即無瘑瘡（傍訓瘷壽本左傍有訓）也。小便利，睡少（壽本作小），去病（群本作疾壽本作痤）渴，消宿食。云云。（群本無云云二字）一切病（病壽本作不豫二字）發於宿食々々，（群本作云云，非也。）消故無病也。（也下壽本有宿食三日五日食也八字）

花他（花他群本作華陀）《食論》曰：茶久食則益意思。云云。身心無病故，益意思（群本意思二字作思意二字）也。（身以下九字壽本無）

〔註13〕原注文「二以下七字壽本作二者明樹形花葉形章九字」，置此處。
〔註14〕原注文「三以下四字壽本作三者明功能章六字」，置此處。

　　壺居士《食忌》〔註15〕曰：茶久服羽化，與韭同食令人身重。云云。（云字壽本無，而更有韭草此方無之韭之類也十字。群本原注云按茶經服作食，自作體。）

　　陶弘景《新錄》曰：吃茶輕身，換骨苦。云云（群本無云云二字）。腳氣即骨苦也（也下壽本有腳氣妙藥何物如之哉九字）。

　　《桐（原作桐據壽本群本改）君錄》曰：茶煎飲，令人不眠。（眠下群本有云云二字）不眠則無病也。（也下群本有云云二字）

　　杜育《荈賦》曰：茶調神和內，倦懈康除。云云（壽本無云云二字）。內者五內也（五內也三字壽本無）五藏異名也。（也下壽本有治五藏不和在茶而已又五內云也十四字）

　　張孟〔註16〕陽《登成都樓詩》曰：芳茶冠六清，（群本頭注云按茶，清作情。）溢味播九區。人生苟安樂，茲土（土群本作物）聊（聊壽本作所）可娛。云云。六清者六根也（六以下六字壽本作六根清明云六清也八字）。九區者，漢地九州島云也。區者城也，（城群本作城，壽本無區者城也四字，而有漢地九分立州今卅六群〔群恐郡字〕三百六十八州十六字注。）茶生用菜，苟字菜也。（茶以下八字壽本作生苟者生用菜，身安樂無病云也，苟則菜也，可娛者樂也廿三字。）

　　《本草拾遺》曰：皋盧苦平，依（依群本作作字）飲止渴，除疫不眠（眠壽本作睡），利水道，明目，生南海諸山中，南人極重之。（云々）（群本無云云二字）除溫疫病也，南人者，廣州等人也。此州（廣州以下至此州七字壽本作廣州之洋有孤絕之島稱曰海南，又云廣南也。又近近有多洲渚，此等皆稱日南也，今南人即是等也，廣州即四十二字。）瘴熱地也，瘴。（此方赤蟲病云也〔群本無也字〕）唐都人補受領（補受領壽本作知州二字）到此地，十之九不歸。（歸下壽本有北方二字）食物美味（吃下壽本有食字）而難消，故多食檳榔子吃茶，若（若壽本無）不吃（吃下壽本有多食二字）則侵身（身下壽本有藏不存百之一也，無寒之地故十二字）也。日本國大寒之地，故無此難。尚南方熊野山，夏不參詣，為瘴熱之地故也。

　　《天台山記》曰：茶久服生羽翼。云云（壽本云云二字作是字）。身輕（輕下壽本有而可飛三字），故云爾也。

　　《白氏六帖・茶部》曰：供御云云，非卑賤人食用也。（非以下七字壽本作非百姓下人所宜故貴重而如此云也十五字）

　　《白氏文集》詩曰：午茶能散睡。云云（睡群本作眠）。午者，食時也。茶食後吃，故云午茶也。食消則無眠也。（食以下六字壽本無。眠群本作病。）

────────────

〔註15〕《太平御覽》作「食志」，陸羽《茶經》作「食忌」。
〔註16〕此本原文誤記為「盂」，今改。

白氏《首夏》詩曰：或（或原本作惑，今據群本、壽本無。）飲一甌茗。云云。甌者，茶盞之美名也，口廣底狹也。為不令茶（茶下壽本有□字）久寒，器之底狹深也，小器名也。（也下壽本有淺□□茶非也六字）

又曰：破眠見茶功。云云。吃茶則終夜不眠，而明日（日群本作目，壽本無明日二字。）不苦身矣。

又曰：酒渴春深一杯（杯群本作盂）茶。云云。飲酒則喉乾，引飲也，（也字壽本無）其時唯可吃茶，勿飲他湯水等。飲他湯水等必（等必二字壽本無）生種種病（也上壽本群本有故字）也。

四採茶時節〔註17〕

《茶經》曰：凡採茶在二月（二月下壽本群本有三月二字）四月之間。云云。（云云二字壽本作也一字）

《宋錄》曰：大和七年正月，吳蜀貢新茶，皆冬中做法為之。詔曰：所貢新茶宜於立春後造。云云。意者，冬（冬下壽本有中字）造（造下壽本有則字）有民（民壽本作百姓民下群本有之字）煩故也。自此以後，皆立春後造之。（之字群本無，之下壽本有過之二字）

《唐史》曰：貞元九年春，初稅茶（茶下群壽兩本俱有云云二字）。茶美名云早春，又云牙茗，此儀（儀群本作義）也。宋朝比（比群本作此壽本作此比二字）採茶做法，內裏後菌〔註18〕有茶園。元三之內，集下人入茶菌中，言語高聲，徘徊往來（來下壽本有終日二字）。則次之日，茶芽（芽字群本壽本無）一分二分萌。以銀（銀群本作錄）之鑷子（鑷子壽本作毛拔）採之，而後作蟻（蟻群本作蠟，壽本無）茶，一匙之直及千貫矣。

五採茶樣〔註19〕

《茶經》曰：雨下不採茶。雖不雨而亦（亦群本作又字，壽本無）有云（云下壽本有亦字），不採，不焙，不蒸。用力弱故也。

六調茶樣〔註20〕

見宋朝焙茶樣，則（則壽本無）朝採即蒸，即焙之。懈倦怠慢之者，不可為

〔註17〕原注文「四以下五字壽本作四者明採茶時節章八字」，置此處。
〔註18〕今譯本多記為「園」「苑」，此處保留古本原字。
〔註19〕原注文「五以下四字壽本作五者明採茶樣章七字」，置此處。
〔註20〕原注文「六以下四字壽本作六者明調樣章六字，原本作茶調樣今據群本。」，置此處。

事也。焙棚敷紙，紙不焦樣（樣壽本作許）誘火（火下壽本有入字）。工夫而焙之，不緩不急（急群本作息），竟（竟壽本作終）夜不眠，夜內可焙畢也。即（可以下五字壽本作焙上二字）盛好瓶，以竹葉堅封瓶口，不令風入內，（封以下八字壽本作閉一字）則經千（千群本壽本作年）歲而不損矣（矣下壽本有欲採時人夫並食物炭薪巨多割置而後採之而已廿字）。

已上末世養生之法如斯（已上字壽本作右，法下同有記錄二字）。抑我國（國下壽本有醫道之三字）人不知採茶法，故不用之，還譏曰非藥云云。是則不知茶（茶下壽本有之字）德之所致也。（榮西）在唐之昔，見貴重茶如眼，有種（種）語，不能具注。給忠臣（給忠臣三字壽本作帝王有忠臣必給茶八字）、施高僧（施高僧三字壽本作僧說妙法則施茶七字）。古今儀（儀群本作義）同。（壽本作今昔同儀）唐醫云：若不吃茶人，失諸藥效，不得治痾，心藏弱故也。庶幾末代良醫悉之矣。（唐醫以下至之矣卅字壽本作式只在茶之法，若不吃茶昔諸藥無効，心藏弱故也。庶幾末代上中下諸人悉之，今依仰撰之後不可添削矣四十二字。）

卷下〔註21〕第二遣除鬼魅門

一、持咒遣除〔註22〕

第二遣除鬼魅門者，《大元帥大將儀軌祕鈔》曰：末世人壽百歲時，四眾多犯威儀。不順佛教之時，國土荒亂，百姓亡喪。於（於壽本作之）時有鬼魅魍魎，亂國土，惱人民，致種種之病，無治術。醫明無知，藥方無濟，長病疲極，無能救者。爾時持此大元帥大將心咒念誦，（誦下群壽兩本有者字）鬼魅退散，眾病忽然除愈。行者深住此觀門，修此法者，少加功力必除病。復（復下壽本有依字）此病祈三寶（祈三寶壽本作三寶祈請）無其驗，則人輕佛法不信。臨爾之時，大將還念本誓，致佛法之効驗，除此病，還（群本無還字）興佛法，特加神驗，仍至得果證。（略鈔）以之案之，近年（年群本作歲）以來之病相即是也。（也下壽本有即彼儀軌有印術而已，榮西恒得此意治之多有驗矣廿一字）其相非寒非熱、非地水、非火風。是故近比（群本作頃）醫道人多謬矣。即病相有五種，若左。（即以下八字壽本無。）

〔註21〕原錄本「卷下」之前後，有「吃茶養生記卷（群本卷字下有之字）上（群本上下有終字）吃茶養生記卷下始（卷下群本有之字，始字壽本無。）入唐前權僧正法印大和尚位榮西錄（前以下十字壽本作律師二字，位字群本無。）」置於此處補錄。
〔註22〕此標題按原標題「第二遣除鬼魅門者」加。

二、五種病苦〔註23〕

一飲水病〔註24〕

此病起於冷氣，（冷氣二字壽本作吃濃味則以鹽味為厄九字）若服桑粥則三五日必有驗，永忌薤蒜蔥勿食矣。鬼病相加，故佗（佗原本似件。今從群本）方無驗矣，以冷氣為根源耳。服桑粥，無百之一不平復矣。（忌薤是「鬼病以下全文壽本還增故作鬼病必惡葷腥耳」。）

二中風手足不從心病〔註25〕

此病近年以來眾矣（近至矣六字壽本無），亦（亦原本作赤。群本作又。壽本無。今改亦。）起於冷氣等。（等壽本作濕氣）以針炙出血（出血壽本無），湯治流汗（流汗壽本無），為厄害（害壽本無）。永卻火，忌浴（永以下五字壽本作若不近火不浴湯七字），只如常時（常時壽本作平體時三字），不厭風，不忌食物，漫漫服桑粥桑湯，漸漸平復無百一厄。若欲沐浴時，煎桑一桶可浴。三五日一度浴之，莫流汗，是第一妙治也。若湯氣入、流汗，則必成不食病故也。冷氣、水氣、溫氣，此三種治方若（群本作如）斯，尚又加鬼病也。

（漫漫以下全文壽本作：漫漫治則漸平復，是又服桑粥桑湯。若欲沐浴時煎桑湯行水一桶二桶，三五日一度浴之。浴時不垂汗是治方也，若湯氣上則必不食故也。）

三不食病〔註26〕

此病復（復壽本無）起於冷氣（冷氣壽本作濕氣），好浴（好浴上壽本有好火二字），流汗，向火（流以下四字壽本無）為厄，夏冬同以涼身為妙術。又服桑粥（粥下壽本有桑字）湯，漸答（答群本無）漸平愈，若欲忿（忿群本作念）差，炙治湯治，彌弱（弱壽本作增）無平復矣。

已上三種病皆發（發壽本作起）於冷氣，故同桑治（故以下四字壽本無），是（是壽本作又）末代多（多壽本無）鬼魅所著，故（故壽本作也）以桑（桑下壽本有木字）治之。桑下鬼類不來，又仙藥上首也（桑下至也十二字壽本作必有効三字），勿疑矣。

（矣壽本作々々二字）

〔註23〕此標題根據上文「即病相有五種若左」加。
〔註24〕原有注文「一下壽本有者字」。
〔註25〕原有注文「二下壽本有者字」，今置於此。
〔註26〕原有注文「三下壽本有者字」。

四瘡病〔註27〕

近年以來（近以下四字壽本無），此病發於水氣等雜熱也（等以下四字壽本作冷氣而三字）。非丁（群本作疔）非癩，然（非丁以下五字壽本作非癩丁等之惡瘡七字）人不識（識壽本作知）而多誤矣。但自冷氣水氣發，故（但以下八字壽本作但起於冷氣故六字）大少（少壽本群本作小）瘡皆不負火。依此（依此二字壽本作因不負火四字）人皆疑為惡瘡，尤愚也。

灸則得火毒即腫增，火毒無能治者，大黃、寒水寒石寒為厄，依灸彌腫，依寒彌增，可怪可斟酌。若瘡出，則不問強軟，不知善惡，牛膝根搗絞，以汁傅瘡，乾復傅則傍不腫，熟破無事。濃汁出，付楸葉，惡毒之汁皆出。世人用車前草，尤非也，永忌之。服藥粥藥湯五香煎，若強須灸，依方可灸之。謂初見瘡時，蒜橫截，厚如錢厚，付瘡上，艾堅押如少（少群本作小）豆大，灸蒜上，蒜焦可替，不破皮肉，為秘方。及一百狀（群本作壯）即萎，火氣不答，必有驗。灸後傅牛膝汁，並可付楸葉，尚不可付車前草，付則傍腫，依不出惡汁故。日本多用車前草，不識藥性故也，可忌可忌（第二可忌群本作云云）。又有芭蕉根，神効矣（皆瘡妙藥〔藥下群本有也字〕）。

（灸則以下全文凡十二行壽本有少差如左：近年以來，瘡大小俱灸則腫增，腫增則無治也，火毒無能治者故也。水寒石寒為厄矣，決定應死之業何依灸可活！不定業雖不灸何死哉。不灸活者多，灸活者少，尤可斟酌，若瘡出則不問強軟。不知善惡，牛膝根搗絞以汁付瘡。乾又付則不腫傍，只瘡許腫熟破無事矣。是服桑粥桑湯，兼服五香煎矣。）

五腳氣病〔註28〕

此病發於夕之食飽滿，（滿下壽本有若字）入夜而飽（而飽壽本作食一字），飯酒（飯酒群本作酒食）為厄，午後不飽，食為治方。（午後以下八字壽本無）是亦（亦壽本群本作又）服桑粥、桑湯（湯下壽本有又服二字）、高良薑（薑下壽本有並字）、茶，奇特養生妙治也。（奇以下七字壽本作為妙治矣四字）新度醫書〔註29〕云：患腳氣人，晨飽食，午後勿飽食等云云。長齋人無腳氣，是此謂也。近比（比群本作頃）人萬病稱腳氣，尤愚也，可笑哉。呼病名而不識病治，為奇為奇（近比以下全文凡二行壽本無。第二為奇群本作云云）。

〔註27〕原有注文「四下壽本有者字」，今置於此。
〔註28〕原有注文「五下壽本有者字」，今置於此。
〔註29〕新近傳入國內的醫書。

已上五種病皆末世鬼魅之所致也，然（群本無然字）皆以桑（桑下壽本有木字）治事（事壽本作之）者，頗有於受口傳唐醫矣（頗以下九字壽本無）。亦（亦群本作又）桑樹是諸佛菩提樹，攜此木，天魔猶以不競，況諸餘鬼魅附近乎！今得唐醫口傳，治諸病無不得効驗矣。近年以來，人皆為冷氣侵，故桑是妙治方也。人不知此旨，多致夭（致夭群本作□大）害，瘡稱惡瘡，諸病號腳病，（病壽本作氣）而不知所治，最不便。近年以來，五體身份病（病字傍恐誤）皆冷氣也，其上他疾相加，得其意治之，皆有驗。今腳病（病群本作痛）非腳氣，是又冷氣也。桑、牛膝、高良薑等，其良藥也。桑方注在左。

（亦桑以下全文凡七行壽本頗異如左：桑樹是過去諸佛成道之靈木也，以此樹為乳木護摩時鬼魅悉退散馳走。又患災法相應木也，桑樹下鬼魅不來，是故此樹為萬病之藥也。若人攜此木為念珠、為杖、為枕天魔尚以不得便，況諸餘下劣鬼魅附近乎。是以榮西以此木治諸病無不得効驗矣。有情人察之，近年以來病皆為冷氣侵故，桑是第一之治方也。人不知此旨多致夭害，瘡稱惡瘡，諸病稱腳病，並是惡，附高大之名不知所治，尤不便事。惡瘡無藥，腳病無治，故云惡也勿就矣。腳病無治者近年痛腳則冷氣故也，不用冷氣故腳病不可平愈。惡瘡無藥者近年以來無惡瘡，只是冷氣雜熱故。今名惡瘡則無治方也，因名得力增氣勢故也。□以桑木治之自得其驗矣，桑方在左注之。）

三、十種桑方〔註30〕

一桑粥法

宋朝醫曰：桑枝如指三寸截，三四細破，黑豆一把，俱投水三升（灼料〔灼群本作炊〕）煮之，豆熟桑被剪（群本剪作煎），即卻桑加米，依水多少計米多少，作薄粥也。冬夜雞鳴期，夏夜夜半，初煮，夜明即（群本無即字）煮畢。空心服之，不添鹽，每朝勿懈，久煮為藥也。朝食之，則其日不引水，不醉酒，身心靜也，信必有驗。桑當年生枝尤好，根莖大不中用。桑粥摠眾病藥，別飲水、中風、不食之良藥（藥下群本有也字）。

（宋朝以下全文凡六行壽本如左：黑豆一把。桑枝口一寸長三寸。〔若納指許可計〕細破與豆俱入水三升〔炊料〕煮之，豆桑破煎即取木加米一把，隨水多少煮浮粥也。冬夜雞鳴之期，夏夜半以前初煮。夜明即煮畢，空心服之，不副鹽。少分服後含御菜也，每朝無懈，久煮為藥，

〔註30〕此標題根據上文「桑方注在左」加。十種桑方之列錄，原本均為「一」，即「一種是」之義。此處為統一全篇標列方式且便於計數，故按順序改為相應數目。

頓煮非藥，若無効可知不熟煮也。朝食之，其日不引水，不醉酒，身心靜也，信心有驗矣。醫粥無効，但不似餘物也。〔桑當年生枝粥煎共彌妙之無者亦不□之〕）

二桑煎法〔註31〕

桑枝二分許（群本作計）截，燥之，木角燋許燥，可割置三升五升盛袋，久持彌好乎。臨時水一升許，木半合許，入之煎之服之。或（或原本作惑。今據群本）不燥煎服無失，生木復（復群本作又）宜。新度醫書云：桑，水氣、腳氣、（腳氣群本無）肺氣、風氣、癰腫、遍體風癢乾燥、四肢拘攣、（拘攣原本似物攣今依群本改）上氣眩暈、咳嗽口乾等疾皆治之，常服消食，利少（群本少作小）便，輕身，聰明耳目。（云云）

《仙經》云：一切仙藥，不得桑煎不服（云云）。就中飲水、不食、中風，最秘要也。

（此章壽本如左：截桑枝如雙六截，破燥之，木角燋許燥之割置，三升五升可盛袋歟，久持彌好乎。臨時水一升許，入木半合許，煎之服之。或不燥而煎服無失，生木又不苦矣，水氣腳氣癰腫風氣皆治矣。）

三服桑木法〔註32〕

鋸截（鋸截壽本作以鋸截之四字）屑細，以五指撮（撮壽本作取）之，投美酒飲之。女人血氣（氣下壽本有又字）能治之，身中腹中萬病無不差，是仙術也（是以下四字壽本作仙術在之），不可不信矣。恒服，得長壽無病也（恒以下八字壽本無）。

四含桑木法

如齒木削之，常含之，口舌齒並無疾，口常香。諸天神愛樂音聲，魔不敢附近。末代醫術，何事如之哉！以土下三尺入根彌好，土上頗有毒。若口喎、目喎皆治矣，世人皆所知也。土際有毒，故皆用枝也。

（此章壽本少差如左：如齒木削之，常口含之，口無病齒無失，口常香。魔不附近，末代醫術何事如之哉。以根作彌好，土下三尺入者妙也。土上自有毒，土下個無毒矣。口喎目喎皆治直也，人皆所知也。）

〔註31〕原有注文「桑煎法群本在服桑木法後」，今置於此。
〔註32〕原有注文「服桑木法群本在桑煎法前」，今置於此。

五桑木枕法

如箱造（造下壽本有之字），可用枕。枕之，則無頭風，不見惡夢，鬼魅不附近。目明乎，功能亦（亦壽本無）多矣（矣壽本作不能注過之）。

六服桑葉法

四月初採，影乾。秋九月十月（十月壽本無）三分之二落，一分殘枝，採又影乾，（乾下群本有和合二字）末。一如茶法服之，腹中無疾，身心輕利。夏葉冬葉等分，以秤計之，是皆仙術而已。

（此章又影乾以下壽本同一葉可惜）

七服桑椹法

熟時收之，日乾為末，以蜜丸桐子大，空心酒服四十丸。每日服（群本服下有之字），久服身輕無病。是皆本文耳。（日本桑頗力微）

八服高良薑法

此藥出於大宋國高良郡，唐土、契丹（契丹原本作熱舟據群本改）、麗同貴重之，末世妙藥只是許（群本許作計）也。治近比（群本比作頃）萬病，必有効。即細末一錢，投酒服之。斷（原作折據群本改）酒人以湯水粥米飲服之。又煎服之，皆好乎。多小（群本小作少）早晚答以為期，更無毒，每日服，齒動痛、腰痛、肩痛，腹中萬病皆治之。腳膝疼痛，一切骨痛，一一治之。捨百藥而唯茶與高良薑服無病（云々）。近年冷氣侵故也，治試無違耳。

九吃茶法

極熱湯（群本湯下有以字）服之，方寸匙二三匙，多少隨意，但湯少好，其又隨意（云々）。殊以濃為美，飯酒之（殊以下八字群本無）次，必吃茶消食也。引飲之時，唯可吃茶飲桑湯，勿飲他湯。桑湯茶湯不飲，則生種種病。茶功能上記畢。此茶諸天嗜愛，故供天等矣。

《勸孝文》云：孝子唯供親（云云），是為令父母無病長壽也。（也以上十八行壽本闕。）宋人歌云：疫神捨駕禮茶木。（云云）

《本草拾遺》云：止渴除病（詳本病作疫）（云云）。貴哉茶乎！上通諸天境界，下資人倫矣。諸藥各為一種病之藥，茶能為萬病藥而已。（云云）

（宋人歌以下全文壽本有少差如左：宋人歌云：疫神捨駕禮茶水。是故本草拾遺云：〔文之名也〕止渴除疫云云。貴哉茶乎！上通神靈諸天境界，下資飲食侵害之人倫矣。諸藥唯主一種病，各施用力耳，茶為萬病之藥而已。）

十服五香煎法

一者，青木香（一兩）（壽本云其性苦辛）。

二者，沉香（一分）（壽本云其性苦辛）。

三者，丁香（二分）（丁下群壽兩本有子字，又壽本云其性苦辛）。

四者，薰陸香（一分）（壽本云其性苦辛）。

五者，麝香（少少）（少少群本作少一字。少少下壽本有大熱故不多加也七字。次云其性苦辛）。

　　右五種各別末，後和合。每服一錢，沸湯和服。五香和合之志，為令治心藏也，萬病起於心故也。五種皆其性苦辛，是故心藏妙藥也。榮西昔在唐時，從天台山到明州，時六月十日也，天極熱，人皆氣絕。於時店主丁子一升，水一升半許，久煎二合許，與榮西，令服之而言：法師遠涉路來，汗多流，恐發病歟，仍令服（服下群本有之字）也（云云）。其後身涼清潔，心地彌快矣。以知大熱之時涼，大寒之時能溫也。此五種隨一有此德，不可不知矣。

　　（右五種以下全文壽本有參差如左：右五種同時和合，末每服一錢，沸湯點服。或煎服其用弱〔不末只煎〕，五香和合之志，為令服青木香也，或只青木香之意，治心藏也。榮西昔在唐時，從天台山到明州，時六月十日也，天極熱，人皆氣絕乎。於時店主取銚子盛十子〔十子恐丁子〕八分，即添水滿銚子，良久煎之，不知何要乎。煎了茶盞之大滴入，持來與榮西令服，傴：法師天熱之時遠涉路來，汗多流，恐有不快，仍與令服也云云。□令炊□一升水一升一半歟，煎只二合許也。其後身涼心地清潔也。以知大熱之時能涼，大寒之時能溫也。此五種隨一有此德，不可不知矣。冬月到亦同前。云云。五香煎德與茶同，仍可服也，五香不整足者隨一可服歟。）

　　已上（已字群本無）末世養生法，聊得感應記錄畢，是皆非自由之情，以此方治近比諸病，無相違乎。諸方中桑治方勝，是因為仙藥也。《本草》云：煎桑枝服，療水氣等（云云，前出之）。取要言之，服茶服桑之後，諸藥服用，必有效驗。《仙經》文先出舉，此等記錄皆有稟承於大國乎，若不審之輩，到大國詢問，無隱歟。今為利生，謹錄上，後時不改矣。

　　（已上以下全文壽本參差如左：已上末世養生記，蒙佛加被，一一記錄畢。是唯依大國口傳，非自由之情。以此方治諸病，見之無相違乎，抑桑木是仙藥也。仙人有二種仙人：一苦行仙，二服藥仙也。苦行仙者斷食味，服一米一粟等久活命。服藥仙者，服種々藥以久保命。其中服桑木仙能久保也。上件桑治方勝諸方，是依為仙藥也。《本草》云：煎桑枝服，療水氣、肺氣、腳氣、癰腫兼風氣。常服療遍體風癢乾燥，又治眠暈歟，又消食，利小便，身輕，耳目

聰明，令人光澤。又療口乾矣。《仙經》云：一切仙藥不得桑煎則不服云云。先服桑煎後服諸仙藥，以知桑是又仙藥之上首乎。茶與桑並服，貴重無高下。二俱仙藥之上首，養生之妙術而已。此等記錄皆有所，又稟承在大國乎。不春之□到大國詢之，無隱歟。今依仰之旨錄上，後時不改章矣。）〔註33〕

後記〔註34〕

此記錄後聞云：「（云群本作之）吃茶人瘦生病（云云）。」此人不知己所迷，豈知藥性自然用哉！復於何國何人吃茶生病哉？若無其證者，其發詞空口引風，徒毀茶已（已群本作也），無半錢利。又云：「高良薑熱物也。（云云）」是誰人咬而生熱哉？不知藥性，不識病相，莫說長短矣！（此後聞記壽本無）

〔註33〕之下有「吃茶養生記卷下（群本下字下有終字）」數字。其意已明，略去。
〔註34〕此當為校注者後記，故加此標題。

85 吃茶往來

〔日〕玄惠法印

題解

　　《吃茶往來》錄於千宗室編《茶道古典全集》第 2 冊，株式會社淡交新社昭和 33 年出版。此作由四封書信構成，「往來」即書信往來。四封書信屬於夾雜古日文表述習慣的漢文，其中語言、茶風等，都生動體現了日本禪茶文化從受中國影響而逐漸形成自身風格階段的內涵，極有參考價值。值得一提的是，此文所描述的幾乎都是禪茶語境，例如飲者大談釋迦、菩薩、寒山、拾得等佛禪人物形象，並且其飲茶活動中的幾桌、器具設置，飲茶、煮茶覺受，都刻意加入了禪之清空玄遠特性，似乎意在提升其茶道品飲的佛禪文化含量乃至信仰分量。實可作為瞭解日本初期禪茶以及研究當代禪茶文化的文獻參考。至於玄惠法印（1279～1350），是日本室町時代最高階位的僧人，同時也是研究程朱理學的大家。按照四封書信的稱謂及落款氏清、國能、幸村、源藏人來看，可知四封信並非玄惠法印所撰，而應只是輯錄。

往來一〔註1〕

　　昨日茶會無光臨之條〔註2〕，無念〔註3〕之至，恐恨〔註4〕不少。滿座之鬱望多端，御故障何事？抑彼會所為體，內客殿懸珠簾，前大庭鋪玉沙。軒

〔註 1〕原文是四篇書信的組合，今為與總題《吃茶往來》相應且便於查閱，加入往來一、二、三、四之綱目。
〔註 2〕之條：之事。
〔註 3〕無念：遺憾。
〔註 4〕恐恨：遺憾，遺恨。

牽幕，窗垂帷。好士漸來，會眾既集之後，初水纖酒三獻，次素面、茶一返〔註5〕。然後以山海珍物勸飯，以林園美果甘哺。其後起座退席，或對北窗之築山，避暑於松柏之陰；或臨南軒之飛泉，披襟於水風之涼。

爰有奇殿，崎棧敷於二階，排眺望於四方。是則吃茶之亭，對月之砌也。左思恭〔註6〕之彩色，釋迦靈山說化〔註7〕之妝巍巍；右牧溪〔註8〕之墨繪，觀音普陀示現之姿蕩蕩。普賢文殊為脅繪，寒山拾得為面飾。前重陽，後對月，不言丹果之唇吻吻，無瞬青蓮之睟妖妖。桌懸金襴，置胡銅之花瓶；機敷錦繡，立鍮石之香匙火箸。嬋娟兮，瓶外之花飛，疑於吳山千葉之妝；芬郁兮，爐中之香□〔註9〕，誤於海岸三銖之煙。客位之胡床敷豹皮，主位之竹倚臨金沙。加之於處處障子，飾種種唐繪：四皓遁世於商山月，七賢隱身於竹林云。龍得水而升，虎靠山而眠，白鷺戲蓼花之下，紫鴛遊柳絮之上。皆非日域〔註10〕之後素〔註11〕，悉以漢朝之丹青。香臺並沖朱沖紅之香箱，茶壺各栂尾高尾之茶袋。西廂前置一對之飾棚，而積種種珍果。北壁下建一雙之屏風，而構色色掛物。中立鑵子〔註12〕而練湯，回並飲物而覆巾。

會眾列座後，亭主之息男獻茶果，梅桃之弱冠通建盞。左提湯瓶，右曳茶筅。從上位至末座，獻茶次第不雜亂。茶雖無重請，敬數返之禮。酒雖用順點，未及一滴之飲。或四種十服〔註13〕之勝負，或都鄙善惡之批判。非啻催當座之興，將又生前之活計，何事加之？盧同〔註14〕云：「茶少湯多則雲腳散，茶多湯少則粥面聚。」〔註15〕云云。誠以有興有感，誰不玩之哉！

而日景漸傾，茶禮將終。則退茶具，調美肴，勸酒飛杯。先三遲而論戶，引十分而勵飲。醉顏如霜葉之紅，狂妝似風樹之動。式歌式舞〔註16〕，增一

〔註5〕一返：一番。
〔註6〕思恭：宋代畫家張思恭，生卒年不詳，擅畫人物、佛像，對日本佛教畫風影響較大。
〔註7〕說化：說法，教化。
〔註8〕牧溪：宋末元初畫僧，俗姓李，佛名法常，四川人。其禪畫在日本較有影響力。
〔註9〕此處闕字。
〔註10〕日域：日本。
〔註11〕後素：繪事後素。
〔註12〕鑵子：鐵質茶壺。
〔註13〕四種十服：鬥茶方式之一。
〔註14〕盧同：盧仝。
〔註15〕此句未見於盧仝作品，乃蔡襄《茶錄》中名句。為作者誤寫。
〔註16〕式歌式舞，他處也有記為「或歌或舞」者。

座之興；又弦又管，驚四方之聽。夕陽沒峰，夜陰移窗。堂上排紅蠟之燈，簾外飛紫麝之薰。蔥蔥遊宴不申盡，委曲並期面謁候。恐惶頓首。

林鐘七日，掃部助氏清，謹上彈正少弼殿，幕下。〔註17〕

往來二

御劄〔註18〕之旨委細令披見候迄，拋萬障可令參會之由相存之處。不慮之外客人出來之處，兼日之蓄念一時相違。對彼賓客，徒雖企清談，心者在御會席，如目見耳聞。今預御狀，心神恍惚而所失東西也。身之不運，時之不幸，恨而有餘。所詮〔註19〕今度御會之日者，未明出私宅，早旦望會所，可相待其期也。不然者，自然指合又有之歟。如此蒙仰之條，恐說無極。不存隔心，捧比興之申狀，努努〔註20〕莫及外聞。恐恐謹言。

乃刻，彈正少弼國能。〔註21〕

往來三

祇〔註22〕今月或所，本非已下之批判，可備後日之稽古之由令申之。色色茶五種，兼茶桶之蓋書一二銘送進之處。且且如被思食，愚身被牽當世之風儀，時時雖交好士之坐右，出所等之判，一切不令存知之。無心所望雖多其憚，賜御判之詞，遣彼所欲，備愚慮之面目，仍乍恐進覽之。定有秀逸之譽歟，不被置御意，委細記給者，生前之大幸也。恐慌謹言。

蕤賓十九日，周防守幸村，謹上五十位君源藏人殿，侍所〔註23〕。

往來四

蒙仰御茶批判之事，所存依難覃〔註24〕。雖可返進，適芳命〔註25〕也，爭可令致固辭哉？依不顧外見之憚，一筆記進之，荒涼之至，傍若無人之恐多多。

〔註17〕此句為寫信者落款。林鍾：陰曆六月。掃部助：職務。氏清：人名。彈正少弼：官職名。殿：敬語。幕下：謙稱、敬稱，相當於足下、閣下。

〔註18〕御劄：抬高對方信函。

〔註19〕所詮：所幸，還好。

〔註20〕努努：切切，萬萬。

〔註21〕此句為落款。國能：寫信者。

〔註22〕祇：其實，實際上，確實。

〔註23〕以上為落款。蕤賓：陰曆五月。周防守：「周防」一地之長官。幸村：寫信人。

〔註24〕難覃：未深知。

〔註25〕芳命：尊稱對方意願。

一茶者初番之肋也，搔嶺松之落葉為薪，酌穀水之中流為湯。被蒸之處，春燒之炭火熱甚弱而易消之際，中間積炭又被嬲〔註26〕焙歟。依之萎香上又有煙，就其名可加批判者，若是「釜口作」〔註27〕歟？但彼所者，為茶名所，其聞滿於天下。以短慮之難及，自由謬難，存外尾籠〔註28〕也。縱雖為當所做，敢非茶師之態哉。但灶神者，有觸事生忿怒之謂，其雖說不足信用，若得其崇，自然有如此之誤歟。不審相半也，傳聞彼神毗盧覺王〔註29〕變化，為利樂有情，且出八葉中臺〔註30〕之都，假顯眾人上下宅。然間生崇者則應化之始也，必可施巨益故也，強非可加愚難。所詮向後被蒸茶之日者，先可被清御燥歟？於戲，殊勝御茶也。

二者，三月上旬之比，春風和暖之朝，出吳松樞，入蜀茶之園。籠露而被摘之最初之木前，無上之小葉也。其形如雀舌，有「利口之覆邦家」〔註31〕之謂。其妝假黃金，生工人之加琢磨之思。是則厭離穢土之聖，欣求淨土之暇。為除彼長夜之眠，暫閣此永日之勤，被焙調之歟。然間末法萬年之時，彌可偏增之茶也。依之茶箋聞燒香之煙立副，建盞著供華之薰相移。未辨其出所，若是於山下共住之草庵。且矯攝取不捨之誠言，且休閑居徒然之幽情。離名聞，忘利養，被誘之間，玩之人者，被引作者上人願，必一遂蓮臺託生〔註32〕之望歟。尤可貴重之。

三者，先開壺，心神飛揚。次移盞，感情叵押〔註33〕。芬芬兮匃〔註34〕滿窗，耀耀兮色照人。振立茶憲之前，本願上人之模樣浮心；引合口味之底，閼伽井坊〔註35〕之名作在唇。滋味憂玄，清香奇妙也。爰邊土遠邦之好士，自己樣之作中，有色香宜茶者，付本名誑人心，甚以左道也。土非宜者，上葉

〔註26〕嬲〔niǎo〕：糾纏，攪擾。

〔註27〕釜口作：日語茶茗。

〔註28〕尾籠：粗魯，無禮。

〔註29〕毗盧覺王：東方淨土毗盧遮那佛。

〔註30〕八葉中臺：密教術語，為胎藏界曼荼羅十三院之一，位在中央。八葉，即八瓣心蓮。

〔註31〕利口之覆邦家：語出《論語·陽貨》有「惡利口之覆邦家者」句，此處無「惡」，故引申為茶葉香美。

〔註32〕蓮臺託生：蓮花化生。指在臨終中陰階段證悟本性，化身蓮花解脫。

〔註33〕叵押：無法克制。

〔註34〕匃〔xiōng〕：古同「匈」，此處被視為日本自造字，意為香味。

〔註35〕閼伽井：日本茶道中的名井，在日本京都高山寺。

尤異本味。何況外國輾轉謬訛，面影〔註36〕之相似者，十分之二也。有人心者，皆以此茶可被試本所之替餘所也。殊當寺者，日出高山，次及幽谷，稟其光耀令出生之際，香味獨超越於世。然則唯大名之家玩之，少人之輩難得歟。誠以有由，不可謂毋〔註37〕。縱以螢火之光，雖視天之高，爭以短慮之愚，輒可述判言哉？唯是初番殊勝之御茶也。

四者，釋已屬蕤賓，節又當端午。菖蒲之簷下構蒸湯〔註38〕，蓬艾之簾前立焙爐被作歟。有蓬香菖蒲香，吃之雖功淺先散悶，聞之雖匀微〔註39〕忘憂。清潔而非晚茶之妝，馥郁而離廣葉之疑。噫，地藏院〔註40〕無雙之五月五日茶也。側聞彼菩提薩埵〔註41〕者，昔於喜見城蒙世尊之付屬以還，鎮遊六道，代受苦之眾生，常趣三途〔註42〕。救墮罪之群類，依之交忍辱之衣於焦熱之煙，傷慈悲之膚於紅蓮之冰。凡苦茶之遊宴者，先興而無實，本戲而有偽。然而此茶判之時者，稱彼院號之間，自結於緣，偏憑化道。誠是言語道斷御茶也。〔註43〕

五茶者，雖非本須為非。所謂其國鄰鯢海之岸，其葉生從鹽風之盧。訪出所，清見關之塔頭；〔註44〕溫模樣，栂尾寺之末流也。〔註45〕姑洗之半，穀雨之後，禪侶喝食，起靜坐之床，出看經之窗。齋前被摘之間，平常之色香，誠佳作之精粹也。依之橫鼻端於建盞之鰭，著精彩於茶箋之前。倩思本來之色味，都識得之。如何，提撕提撕。於戲，茶回盞中，月名池上，殊勝殊勝御茶也。

五種御茶依叵背嚴命，憗〔註46〕愚判之條。見者嘲，面前如所，陳謝頗閉口，恐與恥相伴也。凡茶未生之古，一色以舉。而酒茶流佈，今世悉厭酒，時之用捨，人之好惡，賞與不賞也。然而至茶吃之喉吻潤，玩之肌骨清。至好

〔註36〕面影：面目。
〔註37〕毋：無。
〔註38〕構蒸湯：煮水注茶。
〔註39〕此字軼。
〔註40〕地藏院：室町時代著名道場。
〔註41〕薩埵：菩提薩埵，智慧、覺者意。
〔註42〕三途：三惡道、三惡趣。
〔註43〕言語道斷，心行處滅，真禪境界，是為禪茶。
〔註44〕清見關：日本產茶源地之一。塔頭：小寺廟。
〔註45〕溫模樣：探訪概況。栂〔méi〕尾寺：日本名禪寺。
〔註46〕憗〔yin〕：寧願，強意為之，謹慎等意。

之妙，茶獨拔出之世。御望愛〔註47〕之條，感思不少。達人望，通仙靈，唯是茶也。此等趣，參御會所可申也。恐惶謹言。〔註48〕

〔註47〕御望愛：日式謙辭，高愛，厚愛。
〔註48〕此信不見具體落款，與第三封結合來看，當是源藏人回信。待細考。

86 茶禪同一味

〔日〕千宗旦

題解

　　《茶禪同一味》錄於日本伊藤古鑒《茶和禪》一書，冬至譯，百花文藝出版社 2005 年版。伊藤古鑒（1890～1972），禪學者，有《金剛經講義》《榮西》《茶與禪》等著作。《禪茶同一味》實乃千利休之孫千宗旦作，伊藤古鑒將其抄錄於己書中並作解讀。此文已由仙叟、一燈做過校補，比千宗旦原文要更加豐富，曾於文政十一年（1828）刊行。另外，值得一提的是，由株式會社淡交新社於昭和 36 年出版的《茶道古典全集》第 10 冊中，收錄有《禪茶錄》十章，較之《茶禪同一味》多出侘、茶事變化、數奇、體用、無賓主五章內容，但署名為「寂庵宗澤」，考慮到此作主要內容為《茶禪同一味》，而且關於作者的許多問題還有待於考證，故而只列作參考。此書是目前國內外直接以「茶禪」為名的較為專題的禪茶論典。其主要觀點如下：第一，批評當時絕大部分禪茶書著，認為多以禪茶為名而執著於禪茶名相，浮於表層，與禪茶修道見性的本來目的背道而馳。其二，認為禪茶是以茶的方式來修禪，其終極目的是獲證三昧。在此意義上，一切茶、器、水、場所等均是入道媒介，無需計較其精粗大小。其三，禪茶只是廣義禪茶的內容之一，一切修心見性的方式都可以納入禪茶範疇。其四，禪茶可以通道家、儒家，所以文中多次引用《老子》《莊子》《孔子家語》來證明禪茶的包容性、廣泛性。此處，可將《茶禪同一味》所傳達的禪茶與中國禪茶略作對照：首先，此作主要是從僧侶、禪者修行的角度來看待茶，有其獨特見地，但這也僅僅是禪茶的視角之一。中國的禪茶，除了這一維度，還有文士茶人、在家禪者的禪茶等，因產生於儒釋道融通的多維視野

下，其境界自有深入和精彩處。其次，真正倡導禪茶者，可標舉禪茶名相、立意，但不會偏執於一邊，日本禪茶同樣還有其他維度的含義。而中國儒釋道背景下的茶藝、茶道、茶美學等，其中同樣融匯修行坐禪等元素。故而中日禪茶之間的對比，應選擇具體的對象展開，而不是泛泛而談。再次，不論中日禪茶，其最高明的眼界應該是入乎其內而出乎其外，破除人的偏執心、人我執。因此，所謂不同的禪茶理論和體系不過是不同語境下的建立和表現罷了，隨立隨破，保持內心的清醒和自性的流通，才是禪茶的妙趣。

茶事以禪道為宗第一

吃茶以禪道為主，源於紫野大德寺一休禪師。其故為，一休禪師之法弟子南都稱名寺珠光嗜茶，日日行茶事。一休禪師見而後曰：「茶應合乎佛法妙道。將禪意移入點茶，為眾生而自觀心法，如是行茶道。」故本朝茶祖從珠光始。其後，武野紹鷗隨大德寺古岳禪師、泉州左海之南宗寺普通禪師參禪。千利休亦向大德寺古溪禪師參禪。上述大德皆為世人所熟知。

一切茶事所用之處，皆同禪道。自無賓主之茶，體用露地、數寄、佗乃至其他，處處無非禪意。究其詳情，應知此意。

以此為旨，詩句、茶道知量禪味，實為格言。故，愛奇貨珍寶，選精好酒食，或樂於建茶室結構，擺弄庭木泉石，遊樂設施，乃與茶背道而馳。唯有專於茶道修行，方為茶道本願。點茶全在禪法，工夫在瞭解自性。

釋尊四十九年說法，旨在為十方一切眾生開顯本分，心外無法。其種種因緣、譬喻、言辭，皆為方便示現。茶事亦以方便知見，借點茶之所作，為證得本心之觀法，與諸佛教法無異。

然則，當今排斥茶道之書大量出版，語言極端粗俗。行非禮之禮，埋沒禪意。變態異情。取末節也無妨，為何不顧本來面目，非說謗語？尤其禪茶，道重於禮。只執於禮，會落邊見。禮法與佛之妙法相比，乃大千世界一小島。禮乃細枝末節。

《金剛經注》曰：「雖行仁義禮智信，不可敬，名人相。」〔註1〕云云。老

〔註1〕千宗旦所引，蓋宋代道川撰《金剛經注》，其第三品注云：「雖行仁義禮智信而意高自負，不行普敬，言我解行仁義禮智信，不合敬爾，名人相。」（道川：《金剛經注》，《卍新續藏》第24冊，第539頁。）然此語最先的出處實為署名為「唐六祖大鑒真空普覺禪師解義」的《金剛經解義》第三品，可參考《卍新續藏》第24冊之《金剛經解義》。

子亦曰：「毀道德以為仁義，聖人之過也。未始有物之先，有玄玄微妙大道，不假人為而說自然之理。」〔註2〕誹謗精進領悟此理之茶道聖人，乃自暴自棄之妄人，無異於以己之拳擊己之頭。吾之門人，當慎奉此之大義，修行禪味真茶。

茶事乃修行之事第二

夫茶道原意，不選器之好壞，不論點茶場所之大小，唯取茶器入三昧，修行觀本性。

借茶事修行求自性，別無其他。主一無適，只以一心取茶器入三昧。若取茶勺，心只在茶勺，更無絲毫余念，始終在取。若放茶勺，心亦如前，但只專注於放。不僅限於茶勺，取放一切器物，一如上述。

放下所取之物時，手放心卻不放；取任何一物時，心自然而去；無論何處，神不放逸。如此這般，點茶之氣接續不斷，惟入茶之三昧。由其心志瞭解其人，未必非要經過年月時間。只管專心致志，於茶之三昧精進修行。

三昧乃梵語，譯為正受。不管何事，一心專於一處。遠法師云：「夫稱三昧者，專思寂相之謂也。」〔註3〕思專則志一不分，相寂則氣虛神朗。氣虛則智恬。神朗則無幽不徹。斯二者，是自然之玄符，會一而致用也。

《法華經》曰：「靜室入禪定，一心一處坐，八萬四千劫。」〔註4〕一坐觀法，乃八萬四千劫。進入茶室，修行三昧，為一坐觀法。《優曇寶鑒》之《寶王論》亦云：「修持一相念佛三昧者，當行住坐臥，繫念不忘，縱令昏寐亦繫念，覺即續之。」〔註5〕效法此等點茶，二六時中不懈怠。繫念一處，遍發勇猛，應入修行三昧。

〔註2〕《老子》中並無上述引文，當是作者誤注。「毀道德以為仁義，聖人之過也」出自《莊子外篇‧馬蹄》，「未始有物之先」中的「未始有物」出自《莊子內篇‧齊物論》，「有玄玄微妙大道，不假人為而說自然之理」當是轉述《老子》「其中有象」「玄之又玄」之類的句義。
〔註3〕飛錫：《廬山優曇寶鑒》，《大正藏》第47冊，第312頁。此乃轉述廬山慧遠所說。
〔註4〕《妙法蓮華經》卷三，《大正藏》第9冊，第26頁。
〔註5〕《優曇寶鑒》全名為《廬山優曇寶鑒》，即《廬山蓮宗寶鑒》，乃元代僧人普渡編纂；《寶王論》即唐代飛錫著《念佛三昧寶王論》。千宗旦所引此文，在《大正藏》第47冊，第312頁，《廬山優曇寶鑒》之「一相念佛三昧專念法門」一欄。然而《念佛三昧寶王論》中並無此語，相關言句僅有「余行、住、坐、臥常用此珠，縱今昏寐含佛而寢，覺即續之」。蓋普渡所錄，乃轉述性質。而千宗旦也屬直接延引普渡所錄。茲作說明。

以茶器之取放而觀本性（本心），直接教人坐禪工夫。坐禪非止靜默而坐。只靜默而坐乃暗證坐禪，亦被天台智者大師所嫌。故，去來坐立，均行坐禪要法。茶事亦如行住坐臥，修行不懈怠。

然於茶事之中，唯行住坐臥之行難於成「行」，或雖疑惑終亦可行。無論何時，一如進入茶室點茶修行一般，專心致志而行一切，行住坐臥皆精進不疏忽。日常動作之間，亦不粗心大意，實踐茶意，不假思慮，能調一切。君臣父子，人倫之道，自然而然至其極處。

坐禪觀法，易起龜毛兔角般無量煩惱雜念。唯以深厚工夫將之壓住，使其餘念不起。然而工夫之念、煩惱之念易以混同，故生紛擾之憂。茶道卻不同，活動肢體，處理器皿，故心亦寄託於此，不被他情所奪，且不難盡至。此乃出自一休禪師妙智，實在令人讚歎。

茶意第三

茶意即禪意，故禪意之外無茶意。若不知禪意，亦不知茶意。然則，世俗所謂茶意，只立一趣；並以其趣為真禪茶意，面顯證入之色，心生增上之慢，妄謗他人皆不知茶意。或言茶意不能說，茶形不能教，唯親身感受。以此為教外別傳，起片面邪見，皆為造業。

我所立之趣，異於他趣，嘲諷他人全然不識茶意。趣者，人人皆有，人人不一。彼此誹謗不同之趣，為爭訟之源，漸招慢心，終致惡趣俗茶，一切邪想隨之而生。

夫趣者，到之意。人隨善惡業因，各生其處。六趣迷論，皆由此迷。故，佛法稱心動為第一破戒，心不動即為禪定之要。萬事立趣而行，乃禪茶極厭之事。

然則，心動而行茶事故，顛倒本來禪機。凡趣，皆執物動心，若有意思慮作為，便會因佗動心故生奢，因器物動心故生法，因素寄動心故生好，因自然動心故生創意，因足動心故生不足，因禪法動心故生邪法。如是動心，皆惡趣之因。

此等皆為常樂我淨之四顛倒。經文亦說人命在呼吸之間，然命須臾可終。思無常之身為常，聚積奇物珍器，留戀無益之寶而終生涯。又思不樂之心為樂，費物於茶事庭院，擇膳食之好惡，勞思於應接賓客，行最上之樂。又於眾將人人皆得之趣誇說為無我之法，自己所為一切皆是，侮他立我，滯於偏見。

或以一切不淨為淨，嗜不潔之事，思其為潔，污染清淨之心。此皆世俗所悅茶事。實乃四顛倒之惡趣。

《法華經注》曰：「愚癡樂放逸，常受諸苦惱。夫一切眾生，垢重情深，無始以來，迷於色塵，樂無益事，受諸苦惱，流轉三界六道，處處受生。故因業而生眾處，是名眾生。」〔註6〕若免眾生之苦，應起信入禪茶之門，精進修解脫之道。

夫凡夫所行之處，善惡同惡。夢中之事，有無同無。迷惑中之邪見，是非均非。偏執世俗之趣而言真善，何足取信？反卻沉溺無益放逸，徒送光陰，與佛陀大聖之教化背道而馳，成茶道罪人。一寸光陰一寸惜，不做剎那退轉，以禪茶之德用，修行妙道乃緊要之事。

茶器第四

禪茶之器物，非美器，非寶器，非古器，以圓虛清淨之心為器，以此清淨一心為器，乃禪機之茶。世間所賞名物茶器不足為貴。啜一盅茶，為何要購無價之器？藏於寶庫不為寶，於道更無益。懷小人貨，常為招災之媒體。老子曰：「不貴難得之貨，使民不為盜。」〔註7〕不論器物好壞，斷除善惡邪見，於己之心索得實相清淨之器。

或師之云，於利休之茶道相會，好事之人注目眼下道具，是新是舊，彼此褒獎，利休十分掃興。鑑賞道具新舊，乃閒人之事。好道之人，縱使欠摺缽（原注：研磨用的器物），於茶道亦能適時而用。懂得境界，應讚歎物之數寄也。

一心之器，非人陶鑄而造。天地自然之器，陰陽日月，森羅萬象，百界千如，具足一理。虛靈不昧之佛心，如朗朗月照。己之煩惱雲起，蔽卻真如之光，因五塵所污而生情慾，發貪嗔癡三毒，遂將清淨之心變成三毒之器。

世間眾生，空劫以來，穢著五濁，不覺己器粗惡，已然聚結無明，所誇之善而非真善。老子曰：「天下皆知美之為美，斯惡已。皆知善之為善，斯不善已。」譬如，瀆香之人指聞其香，所行皆惡趣。故專於禪茶，捨棄穢惡，入本來清淨之器。

〔註6〕暫未查閱到引文出自何本《法華經注》。大意是眾生心地愚癡迷昧，陷於三界六道，若要免除此眾生之苦，便應該真信、真行，精進修行禪茶。
〔註7〕見《老子》第三章。

《法華經》中說，力是堪受美器也。故努力修行，下根亦必受善器。設令不能成就，倚立禪門，終成美器。《孔子家語》曰：「與奸人同行，如廁中居，雖不污衣，時時聞臭；與惡人同行，如劍中行，雖不傷人，時時驚恐。惡道乃苟且之因。」〔註8〕

因必生果。由惡因趨向惡所，善因趨向善所。奮起勇猛遍在之心，懇切窮盡禪茶工夫，免王者牢獄，杜絕三途門戶，昇天得道，不應有疑。如此成就，乃天地同一，圓虛清淨之寶器，亦為禪茶之機。古甌陳器，非常奇玩，相對有何價值？

露地第五

現今之世俗，稱茶事之庭院為露地，實乃與露地本意相去甚遠。原意之露地，露為訓讀，地乃謂心。此乃顯露自性之意。斷一切之煩惱，露真如實相之本性，故稱露地。

又，同稱白露地。白即清淨，取此義故。茶室乃顯露本性之道場，由此名為露地。故露地乃茶室第一也。不毛之廣大赤地沙漠，潔淨無物，亦號露地。此亦類如本性。

《法華經》曰「四衢道中」〔註9〕，譬四諦也。以其四諦觀，同會見諦，如夫路頭，所以名四衢也。若見惑雖除，思惟仍在，則不名露地也。若三界思盡，方名露地耳。又，道場者，與露地同義。道場即清淨境界也，出自《止觀》。故治五住煩惱之糠，顯實相清淨本性之米，曰露地。道場亦同。

又，茶室別稱，比為自心。佛語云：世界非世界，應無所住而生其心。〔註10〕

〔註8〕《孔子家語》，魏王肅注，見《四庫全書》子部・儒家類，第 695 冊。

〔註9〕參考《法華經・信解品第四》云：「是時長者見諸子等安隱得出，皆於四衢道中露地而坐，無復障礙，其心泰然，歡喜踊躍。」（《妙法蓮華經》卷二，《大正藏》第 9 冊第 12 頁。）

〔註10〕所引為《金剛經》中語：「世界非世界」源於「如來說世界，非世界，是名世界」，見第十三品；「應無所住而生其心」則見第十四品。

參考文獻

1. 高楠順次郎、渡邊海旭、小野玄妙等主編：《大正藏》，東京：大正新修大藏經刊行會（大正一切經刊行會），1934 年。

2. 前田慧雲、中野達慧等主編：《卍續藏》，新文豐出版社，1983 年。

3. 紫柏、密藏、袁了凡等主編：《嘉興藏》，國家圖書館，2016 年。

4. 雍正、乾隆等主編：《乾隆藏》，中國書店，2007 年。

5. 漢文大藏經補編編委會：《中國漢文大藏經補編》，文物出版社，2013 年。

6. 紀昀等主編：文淵閣《四庫全書》，臺灣商務印書館影印版，1983 年。

7. 續修四庫全書編委會：《續修四庫全書》，上海古籍出版社，2002 年。

8. 張元濟等輯：《四部叢刊》，上海商務印書館影印本，1919 年。

9. 陳夢雷主編：《欽定古今圖書集成》，中華書局影印版，1934 年。

10. 周憲文主編：《臺灣文獻叢刊》，臺灣銀行經濟研究室出版，1959～1972 年。

11. 汪灝等編：《御定佩文齋廣群芳譜》，《四庫全書》子部・譜錄類，第 845 冊。

12. 《妙法蓮華經》，《大正藏》第 9 冊。

13. 《老子》，王弼注，樓宇烈校釋，中華書局，2016 年。

14. 《孔子家語》，魏王肅注，《四庫全書》子部・儒家類，第 695 冊。

15. 《金剛經》，鳩摩羅什譯，《大正藏》第 8 冊。

16. 〔唐〕飛錫：《念佛三昧寶王論》，《大正藏》第 47 冊。

17. 〔唐〕樊綽：《蠻書》，向達校注，中華書局，2018 年。

18. 〔宋〕方岳：《秋崖集》，《四庫全書》集部‧別集類，第 1182 冊。

19. 〔元〕普渡編纂：《廬山優曇寶鑒》，《大正藏》第 47 冊。

20. 〔元〕善遇輯：《天如惟則禪師語錄》，《卍續藏》第 70 冊。

21. 〔元〕明本：《天目明本禪師雜錄》，《卍續藏》第 70 冊。

22. 〔元〕德輝：《敕修百丈清規》，《大正藏》第 48 冊。

23. 〔明〕明雪：《入就瑞白禪師語錄》，《嘉興藏》第 26 冊。

24. 〔明〕智闇：《雪關禪師語錄》，《嘉興藏》第 27 冊。

25. 〔明〕蘭茂：《滇南本草》，雲南人民出版社，1975 年。

26. 〔明〕謝肇淛：《滇略》，國家圖書館藏明刻善本。

27. 〔明〕鄒應龍：《雲南通志》（明萬曆），國家圖書館藏明刻善本。

28. 〔明〕黃履道輯：《茶苑》，國家圖書館藏清抄本。

29. 〔明〕馮時可：《滇行紀略》，《古今遊記叢鈔》第 2 冊，中華書局，1924 年。

30. 〔明〕李賢、萬安等纂修：《明一統志》，國家圖書館藏萬壽堂明刻善本。

31. 〔明〕李元陽：《嘉靖大理府志》，國家圖書館藏明嘉靖刻本。

32. 〔明〕劉謙：《感通茶與僧話舊》，黃元治《蕩山志略》，國家圖書館藏清抄本。

33. 〔明〕楊慎：《感通寺》，黃元治《蕩山志略》卷下，國家圖書館藏清抄本。

34. 〔明〕擔當：《擔當詩文全集》，雲南人民出版社、雲南美術出版社，2003 年。

35. 〔清〕超宣等編：《百癡禪師語錄》，《嘉興藏》第 28 冊。

36. 〔清〕劉塏、席慶年修撰：《續修蒙化直隸廳志》，清光緒 7 年刻本。

37. 〔清〕汪灝等：《御定佩文齋廣群芳譜》，國家圖書館藏內府清康熙 47 年刻本。

38. 〔明〕徐弘祖：《徐霞客遊記》，清嘉慶 13 年江陰葉廷甲水心齋刻本。

39. 〔明〕真清：《茶經外集》，見朱自振、沈冬梅、曾勤主編的《中國古代茶書集成》，上海文化出版社，2010 年版。

40. 〔清〕淨現：《象田即念禪師語錄》，《嘉興藏》第 27 冊。

41. 〔清〕淨斯：《百愚禪師語錄》，《嘉興藏》第 36 冊。

42. 〔清〕行喜：《雲峨喜禪師語錄》，《嘉興藏》第 28 冊。

43. 〔清〕劉靖：《順寧雜著》，見王錫祺輯《小方壺齋輿地叢鈔》第七帙，上海著易堂清光緒 17 年鉛印本。

44. 〔清〕檀萃：《滇海虞衡志》，商務印書館，1936 年。

45. 〔清〕趙學敏：《本草綱目拾遺》，中國中醫藥出版社，1998 年。

46. 〔清〕餘慶遠：《維西見聞紀》，吳省蘭編，錢熙輔增編《藝海珠塵二百〇五種》第 64 冊，國家圖書館藏清乾隆刻本。

47. 〔清〕阮元：《雲南通志稿》，清道光 15 年刻本。

48. 〔清〕謝聖綸：《黔滇志略》，復旦大學圖書館編《復旦大學圖書館藏稀見方志叢刊》，國家圖書館出版社，2010 年。

49. 〔清〕張泓：《滇南新語》，吳省蘭編，錢熙輔增編《藝海珠塵二百〇五種》第 64 冊，國家圖書館藏清乾隆刻本。

50. 〔清〕張恂稚編錄：《憨休禪師敲空遺響》，《嘉興藏》第 37 冊。

51. 〔清〕丘逢甲：《丘逢甲集》，嶽麓書社，2001 年。

52. 〔清〕賀宗章：《幻影談》，雲南史料叢刊油印本。

53. 〔清〕吳大勳：《滇南聞見錄》，清乾隆間刻本。

54. 〔清〕吳應枚：《滇南雜記》，國家圖書館藏油印本。

55. 〔清〕錢謙益：《牧齋有學集·有學集補》，見《續修四庫全書》集部·別集類第 1391 冊。

56. 〔清〕陸宗鄭、甘雨：《姚州志》，清光緒 11 年刊本。

57. 〔清〕陳燕、韓寶琛、李景賢：《沾益州志》，清光緒 11 年刻本。

58. 〔清〕黃德巽、胡承灝：《羅平州志》，清康熙 57 年刻本。

59. 〔清〕郭存莊、趙淳：《白鹽井志》，清乾隆年間抄本。

60. 〔清〕李訓、羅其賁：《續修白鹽井志》，清光緒 33 年刻本。

61. 〔民國〕羅養儒：《雲南掌故》，雲南民族出版，1996 年。

62. 〔民國〕馬標、楊中潤：《路南縣志》，臺灣成文出版社，1967 年。

63. 〔民國〕王槐榮、許實：《宜良縣志》，民國十年鉛印本。

64. 〔民國〕陳詒孫、楊思誠：《嵩明縣志》卷十六。

65. 〔民國〕張充和：《雲龍佛堂即事》，見白謙慎編《張充和詩書畫選》，生活·讀書·新知三聯書店，2014 年。

66. 〔民國〕丁國梁、梁家榮：《續修建水縣志稿》，民國九年鉛印本。

67. 國家圖書館：《中國古代茶道秘本五十種》，全國圖書館文獻縮放複製中心，2003 年。

68. 杜潔祥主編：《中國佛寺史志彙刊》第三輯，丹青圖書公司，1985 年。

69. 朱自振、沈冬梅、曾勤：《中國古代茶書集成》，上海文化出版社，2010 年。

70. 葉羽晴川主編：《中華茶書選輯》，中國輕工業出版社，2005 年。

71. 吳覺農：《茶經述評》，中國農業出版社，2005 年。

72. 林睿軒：《中日韓英四國茶道》，中華書局，2008 年。

73. 王建編譯：《吃茶養生記——日本古茶書三種》，貴州人民出版社，2003 年。

74. 陳宗懋主編：《中國茶經》，上海文化出版社，1992 年。

75. 張迅齊：《中國的茶書》，常春樹書坊，1987 年。

76. 高英姿：《紫砂名陶典籍》，浙江攝影出版社，2000 年。

77. 〔日〕千宗室編：《茶道古典全集》（共 12 冊），淡交社，1957 年。

78. 〔日〕伊藤古鑒：《茶和禪》，冬至譯，百花文藝出版社，2005 年版。

79. 〔日〕桑田忠親：《茶道六百年》，李煒譯，北京十月文藝出版社，2018 年。

80. 〔新羅〕崔致遠：《桂苑筆耕集》，商務印書館，1935 年。

後　記

　　文獻輯錄實在不易，本書從著手到出版，歷時七年餘，其間逐字逐句對照推敲，效率極低，不勝其苦。但總算達成了初衷：回歸傳統茶道典籍的研學，築牢禪茶研究與品飲的根基。而至此，本人禪茶研究的第一階段也算完成：搜集、研讀禪茶文獻，形成《禪茶公案錄》《禪茶藝文錄》《禪茶論典錄》三部書稿。

　　在設想之初，我的本意是以玩味禪茶的心態做茶道哲學，不求出成果，而只在閑暇間種豆南山下，做成多少算多少。《禪茶公案錄》《禪茶藝文錄》似乎達到了這種預期，但《禪茶論典錄》著實令我有點患了強迫症的意味，居然數次熬夜校對，停不下來。好在當前對傳統禪茶典籍、材料的積累也差不多了，可從容一些了。接下來，還是閒散著玩味去，吃茶去，慢慢思考、撰寫《禪茶知行論》，管他幾年能成；如無文思，也不強求，隨意罷了！

　　大多數學者都認為文獻輯錄學術含量低，而且屬於死板工夫。我向來也這樣以為。只是親自做來以後，才發現學術含量低的並不是文獻輯錄，而是只說不做的眼高手低。原來，文獻輯錄，也可以做到學術之極致！

　　首先，必須捨得大量投入時間精力，坐得住。文獻輯錄對於思維跳脫，或喜歡做田野文章的人確實不太合適。當然，這無可厚非，學術之道，本就應該百花齊放，各走適合自己的路。只要能認真、專純地做就行。只不過，我卻因此而越來越欽佩那些專沉於做文獻者。其實，最終被學界參考引用最多的，流傳最久的，恰好就是那些最基礎的文獻成果。這說明什麼？

　　其次，以什麼樣的理論框架進行輯錄是關鍵。文獻輯錄並不僅僅是一堆文獻的隨意擺放和堆積，而是要以一定的表達模式使之清晰地展現在讀者眼

前。這就是個體差異了，取決於個體長期積累的理論素養：既可以樸拙無華，平平無奇，也可以溢滿學術含量，出手高深。運用之妙，就看胸中存貨能有多少！

再次，具有盡可能多的學科交叉視野。比如，最尋常的句讀點校，得過古代、現代漢語關；對於禪茶，則還須對茶學、禪學甚至儒道文化有一定程度的瞭解。多視角的積累，永遠會成為出手高低、正誤差池的決定性界限！

最初，我太過輕視這些基礎素養，以至於處處碰壁，收效甚微。於是也才看清自己學術根基虛浮，而且心地也難以靜默。於是便放慢輯錄速度，一面學習、積累，一面反思並清掃內心。

所以，即使成稿擺在眼前，我也從不以為自己的禪茶研究取得了多高成績，只不過是以自己的樸拙方式在繼續作業罷了。況且，我的輯錄，明顯粗糙，應對目前的研究還可以，若要達到文獻輯錄之精工，則還有很長的路要走！

而且，禪茶是個多維體，包含禪茶文獻、禪茶藝術、禪茶生活、禪茶修行、禪茶養生等眾多維度。有心於禪茶者，更不可自滿或動輒只見他人不足，大家都僅僅是路上行人，先後一步半步罷了！須知我們日常中的目所攝取，心所揀擇，完全是自我內心缺口之最大處，無時無刻不在編織著自欺欺人的謊言！

對我而言，禪茶已經成為心智成長、生命蘊養的絕佳伴侶。禪茶於我的最大效用，還在於打開心量，放鬆身心，任世間，任自我，任禪茶以其本有軌道自然行走、呈現，如有揀擇、偏離，則即刻警覺，勿助勿忘。也必須如此，人們才會放鬆緊繃的生命，放下禪茶的偏執，消除自他的排拒。自性本具、大道無疆，如不立足於這些精細處做工夫，還不是成了一句空話！

其實我並不精於茶道品飲，生活中，也不是非茶不可，我只不過是將茶當做一種媒介，見自他人心。這麼多年來，我對人心並無太多理想化期望。不是人的本性有問題，而是人無一例外地被業心慣性牽引著走。這一點，在面對利益選擇、處理自他矛盾和所謂共情等境況時最為明顯。再親密的關係，如果既有業心慣性未得到有效清理，在這些促因面前，還不是轉眼就變成了矛盾、傷害、決裂！故而，如果沒有信仰、道德、法律等規範力，以及有效的內心淨治手段，可想而知，人心將還會造作出多大的毀滅力量！

　　多年以來，本人用功最多的領域其實是禪修技術及性命之學。鑒於禪茶在當代社會中的休閒養生、調適生活、蘊養生命等方面的積極功效，本人結合所學，歸納出了一些具有可操作性的禪茶冥想、禪茶清修、禪茶康養方面的技術方法。在下一步的禪茶研究和實踐中，將會逐漸展開運用。

　　今天是大年初一，從昨天下午開始，城市的鞭炮禮花聲好像就沒停過。這很好，大家都有自己的玩味或期許是件幸事！在濃重的春節氣氛中完成書稿，也更多了些欣慰！只是一瞬間，突然想起自己已入不惑之年，禁不住啞然失笑！同時又覺得有些恍如隔世！生命確實流失太快，而且多是在得失計較、彼此算計，以及艱辛生活之間！如果這一刻還不自足、自安，那麼，哪一天又能真正幸福？這些年來，生活、經歷給我的最大教訓是要學會立心，否則，生命必然只會被裹挾、扭曲！幸福，也就真的只能成為來年奢望了！

　　所謂立心，就是建立、確證自己的本心。核要在於自省、反觀，發現自我人格之獨立，看見乾乾淨淨的自己；雖然融入世事，卻自有主意，不會被動依附於他人、外物。並且，於一切事處，總在踏實清掃內心，自覺存養浩然之氣。這種工夫，如溫火煮茶，慢慢體會，慢慢溫養去吧！近年來，本人的生活也因此變得極為簡單：上上班，寫寫書，打打坐，看看心；愛好自己愛的人，做好自己做的事。迎來送往處，大多可心中空空！對於安頓生命之大事，也越來越有心得！

　　這幾部書稿，當然也是我立心之學的表達以及收穫。至此，要特別感激臺灣花木蘭文化事業有限公司：總編輯杜潔祥先生學植深厚、眼界寬廣，曾在此書定名方面給予中肯建議；副總編輯楊嘉樂女士，雖未謀面，但本人對其熱心和專業已極為感佩；乃至其餘推促本書出版的編輯、工作人員，也請接受本人的感激和祝福！書稿既已完成，新的一年，又該重新反思自己，花更多時間關心自己的生活、身心了！不如就在專純喝茶處、忘空身心處、煉化性命處，隨心而綻放出一朵朵金紅色的蓮光吧！

　　　　　　2021 年 2 月 12 日，辛丑大年初一，記於昆明。